百姓法律顾问丛书 07

U0795337

损害赔偿纠纷

总主编　王庆新
执行主编　钟　鉴

中国检察出版社

《百姓法律顾问丛书》
编委会

总主编　王庆新

副总主编　阮丹生　安　斌

编　　委（以姓氏笔画为序）

马力珍　田　永　史朝霞　许　睿
李广森　苏晓红　张郑元　张佳立
庞建兵　郑永芳　周　密　俞　骊
钟　鉴

编者的话

当今的中国是法治社会，法律已经融入人们日常的工作生活中。我们每一个人都期盼事业发达、家庭和睦、邻里和谐……这就需要了解一些法律知识，以便能更好地避免和化解纠纷，尊重他人和维护自己的合法权益。中国检察出版社一直致力于法律通俗类图书的选题策划与出版，2001 年以来我社曾推出过多套普法类丛书，其中的《法律帮助一点通》系列，陆续出版了 40 多个分册，受到了广大读者的热烈欢迎，有多个品种入选“农家书屋”工程，有些分册销量达到十万余册，实现了我们服务基层、普及法律的出版目的。

十年间，经济发展了，社会进步了，许多新的法律问题出现了，同时也有许多法律颁布、修订了，为了给读者提供最新、最准确的法律帮助，我社在汲取以往图书经验教训的基础上推出了本套丛书——《百姓法律顾问丛书》。本套丛书既可以让你全面地了解你的权利，防范法律纠纷的产生；又可以让你清楚地知道维权途径，理智地进行维权斗争。简单地说，增加你的法律知识，拓展你的法律思维是我们出版本套丛书的主要目的。本套丛书秉承通俗易懂、方便实用的原则，采用问答的方式，用简单明了的语言指出了纠纷解决的方法和途径；突出了“新、专、全”的特点：“新”——以最新修订颁布的法律法规为依据，“专”——针对最常见而又非常棘手的法律问题，提出了专业的法律解决方案，“全”——围绕相关法律纠纷，全面阐述了责任认定、证据收集以及诉讼程序等维权依据。内容实用、专业、全面。

我们衷心希望本套丛书的出版能为读者提供切实可行的法律帮助。

中国检察出版社

2012年1月

目　录

一、损害赔偿纠纷概述

1. 何为损害赔偿纠纷?

损害赔偿纠纷是一个内容比较宽泛的概念，泛指由于财产权、人身权遭到侵害而向侵权人主张赔偿而引起的纠纷。侵犯财产所有权、侵犯知识产权、侵犯人身权等都是我们常说的侵权损害行为。在侵权损害行为中，行为人违反法定义务，侵犯了他人的财产权、人身权，应当承担侵权损害的民事责任，就是损害赔偿责任。

在侵权损害民事责任中，由于责任构成要件和归责原则不同，又可以分为一般侵权行为的民事责任和特殊侵权行为的民事责任。一般侵权民事责任实行过错责任原则，特殊侵权民事责任一般实行无过错责任原则。

2. 什么是损害? 损害可以分为哪些种类?

在日常生活中，我们经常听到或者看到某人由于他人的民事侵权行为造成损害的情况，那么，究竟应当怎样理解“损害”一词的含义呢? 这里所说的损害，是指因某种事实致使权利人失去对其财产或者其他权益上应当享有的权利。以损害是否具有财产内容为标准，侵权行为造成的损害可以分为财产损害和非财产损害两种。

财产损害是指侵权行为侵害财产权，使财产权的客体遭到破坏，其使用价值和价值贬损、减少或者完全丧失，或者破坏了财产权人对于财产权客体的支配关系，使财产权人的财产利益受到损失，从而导致权利人拥有的财产价值减少和可得财产利益丧失。广义来说，财产损害中的财产包括物权、他物权以及债权和知识产权，还包括股权、继承权等财产权，同时也包括财产利益。

非财产损害，是指非财产利益的减少、丧失或者伤害，如人身损害、人格损害、名誉损害等，这里的非财产利益既包括名誉、尊严、荣誉、姓名等，也包括人的情感。

3. 什么是一般侵权民事责任？其构成要件有哪些？

一般侵权民事责任，是指侵权行为人由于过错，侵害他人财产、人身权利，致人损害而应承担的民事责任。一般侵权民事责任应当具备以下构成要件：

（1）行为人的行为造成了损害事实的发生。损害事实的存在，是确定损害赔偿民事责任的首要条件。如果行为人的行为没有造成损害后果发生，就根本谈不到损害赔偿问题。

（2）行为人实施的行为具有违法性。损害行为具有违法性，是构成损害赔偿民事责任的决定性条件。一个人的行为，如果不具备违法性，即使造成了损害，也不应承担损害赔偿的民事责任。

（3）违法行为与损害后果之间存在因果关系。这里所说的因果关系，是指行为人的违法行为与他人人身或者财产的损害后果之间存在原因和结果的关系。如果损害后果的发生与行为人的行为无关，则不能让行为人对损害后果承担损害赔偿的责任。

（4）行为人主观上须有过错。违法行为人只有在实施违法行为时有过错，才承担民事赔偿责任。所谓过错，是指行为人在实施行为时对自己的行为及其后果所持的故意和过失的心理态度。

按照《民法通则》的规定，同时具备以上四个要件即构成一般损害赔偿民事责任，行为人就应当对自己的侵权行为造成的损害后果承担民事责任。

4. 什么是特殊侵权民事责任？

特殊侵权民事责任，是指在某些特殊情况下，法律规定行为人虽不具备一般侵权民事责任的四个构成要件，仍要承担民事责任。

特殊侵权民事责任的特殊性在于：法律明确规定这种民事责任不需要具备民事责任的一般构成要件；赔偿责任也不限于由行为人本人承担。比如，《侵权责任法》规定，无民事行为能力人、限制民事行为能力人致人损害的民事责任，由其监护人承担；动物致人损害的民事责任、产品责任、机动车交通事故责任、医疗损害责任、环境污染责任、高度危险责任、饲养动物损害责任、物件损害责任等，都属于特殊侵权民事责任。

在我国《民法通则》中，属于特殊侵权民事责任的情况都有具体的条文明确加以规定。没有特殊规定的一般侵权损害行为，应当按照一般侵权民事责任的构成要件加以认定和处理，不能适用特殊侵权民事责任的归责原则。

5. 损害赔偿诉讼中的原告是谁？

根据《民法通则》、《最高人民法院关于审理人身损害赔偿案件适用法律若干问题的解释》（以下简称《人身损害赔偿司法解释》）等的规定，下列人可以作为原告提起损害赔偿诉讼：

（1）直接受害人。直接受害人是因侵权行为或者其他致害原因直接遭受人身或财产损害的赔偿权利人。

（2）间接受害人。间接受害人包括依法由赔偿权利人承担扶养义务的被扶养人和死亡受害人的近亲属。被扶养人由于侵权人的侵权行为丧失扶养来源，因此有权作为原告提起人身损害赔偿诉讼，要求侵权人承担民事赔偿责任。死亡受害人的近亲属因为受害人的死亡受到一定的财产损失，如支付的医疗费、丧葬费等；还会因为受害人死亡而精神痛苦，因而也可以要求侵权人承担相应的民事赔偿。

近亲属，具体是指死亡受害人的配偶、父母、子女、兄弟姐妹、祖父母、外祖父母、孙子女和外孙子女。在实践中，近亲属请求损害赔偿有一个相应的顺序问题。《最高人民法院关于确定民事侵权精神损害赔偿责任若干问题的解释》（以下简称《精神损害赔偿司法解释》）第7条中规定了近亲属的精神损害赔偿顺序，即自然人因侵权行为致死，或者自然人死亡后其人格或者遗体遭受侵害，死者的配偶、父母和子女为赔偿权利人；只有在没有配偶、父母和子女时，才可以由其他近亲属作为赔偿权利人。在损害赔偿中，近亲属请求赔偿也可以参照上面的顺序进行。

6. 损害赔偿诉讼中的被告是谁？

根据相关法律规定，损害赔偿诉讼中的被告，是指因自己或者他人的侵权行为以及其他致害原因依法应当承担民事责任的自然人、法人或者其他组织。具体而言，即：

（1）因自己的加害行为承担民事责任的人。可以是一人，也可以是两个以上的共同加害人。

（2）因他人或物件的侵权行为承担民事责任的人。比如，法人或者其他组织工作人员、雇主、地面施工人、建筑物所有人或者管理人等，在某些情况下也可以成为损害赔偿诉讼中的被告。

（3）对其他致害原因依法承担民事责任的人。比如，在安全保障义务人没有尽到安全保障义务的情形下，直接赔偿义务人赔偿不能或者赔偿不足时，应当由该未尽到安全保障义务的人承担补充赔偿责任；在未成年人致人损害的情况下，由其法定代理人承担人身损害赔偿责任。

7. 什么是过错责任原则？

在损害事实已经发生的情况下，确定侵权行为人对自己的行为所造成的损害是否需要承担民事赔偿责任的一般规则，即为归责原则。过错责任原则是归责原则的一种。《民法通则》第106条第2款规定："公民、法人由于过错侵害国家的、集体的财产，侵害他人财产、人身的，应当承担民事责任。"可见，过错责任原则就是以过错作为价值判断标准，判断行为人对其造成的损害应否承担侵权责任的归责原则。在法律没有特别规定的情况下，都适用过错责任原则，行为人仅在有过错的情况下才承担民事赔偿责任。过错责任原则包括以下两种情形：

（1）普通的过错责任原则。即侵权行为的成立必须要求行为人主观上具有过错，否则不承担赔偿责任。过错责任原则适用"谁主张，谁举证"的举证原则，即要由原告一方来收集加害人主观上存在故意或者过失的证据证明加害人存在过错，如果不能举证证明则须承担败诉的风险。

（2）过错推定责任原则。《侵权责任法》第6条第2款规定："根据法律规定推定行为人有过错，行为人不能证明自己没有过错的，应当承担侵权责任。"所谓过错推定，是指在某些侵权行为的构成中，如果行为人不能举证证明自己没有过错，那么法律推定行为人实施该行为时具有过错。在过错推定的情形下，受害人不必对行为人的过错举证证明；行为人则须通过证明自己没有过错来获得免责的效果，否则，推定其有过错，需要承担相应的责任。过错推定责任原则只有在法律有明确规定的情况下才能适用。如《民法通则》第126条规定，建筑物或者其他设施以及建筑物上的搁置物、悬挂物发生倒塌、脱落、坠落造成他人损害的，它的所有人或者管理人应当承担民事责任，但能够证明自己没有过错的除外。

8. 什么是无过错责任原则？

无过错责任原则，也称无过失责任原则，是指虽然对造成他人损害的后果没有过错，但依法律规定应由赔偿义务人承担民事责任的归责原则。我国《民法通则》第106条第3款规定："没有过错，但法律规定应当承担民事责任的，应当承担民事责任。"《侵权责任法》第7条规定："行为人损害他人民事权益，不论行为人有无过错，法律规定应当承担侵权责任的，依照其规定。"由上述规定可知，无过错责任原则只有在法律有明确规定的情形下才能适用，它是基于法定的特殊侵权行为的归责原则。典型的适用无过错责任原则的侵权行为主要有：产品缺陷致人损害、高度危险作业致人损害、环境污染致人损害、地面施工致人损害、饲养的动物致人损害。

9. 什么是公平责任原则？

公平责任原则，是指当事人双方对造成损害都没有过错，不能适用过错责任原则和无过错责任原则，但在受害人遭受的重大损失得不到赔偿而又显失公平的情况下，人民法院根据双方当事人的实际情况，按照公平合理观念判定双方分担损失的一种归责原则。《民法通则》第132条规定："当事人对造成损害都没有过错的，可以根据实际情况，由当事人分担民事责任。"《侵权责任法》第24条规定："受害人和行为人对损害的发生都没有过错的，可以根据实际情况，由双方分担损失。"《最高人民法院关于贯彻执行〈中华人民共和国民法通则〉若干问题的意见（试行）》（以下简称《民通意见》）第155条规定："因堆放物品倒塌造成他人损害的，如果当事人均无过错，应当根据公平原则酌情处理。"实践中，适用公平原则的情形主要包括紧急避险等。

10. 受害人对损害后果的发生或者扩大也有过错的，加害人可以减轻或者免除责任吗？

在损害赔偿诉讼审判实践中存在一个过失相抵规则，就是指受害人对损害后果的发生或者扩大也有过错的，法院可依其职权，按一定的标准减轻或免除加害人的赔偿责任，从而公平合理地分配损害。对此，我国《民法通则》第131条、《侵权责任法》第26条作了明确规定，《人身损害赔偿司法解释》第2条的规定最为细化，即“受害人对同一损害的发生或者扩大有故意、过失的，依照民法通则第一百三十一条的规定，可以减轻或者免除赔偿义务人的赔偿责任。但侵权人因故意或者重大过失致人损害，受害人只有一般过失的，不减轻赔偿义务人的赔偿责任”。

可见，对于适用过错责任的案件，如果受害人对损害后果的发生或者扩大有故意、过失的，可以减轻或者免除侵权人的赔偿责任。如果对于损害的发生或扩大，加害人为故意或者重大过失，而受害人为一般过失的，此时应限制过失相抵规则的适用，由加害人承担完全的赔偿责任。对于适用无过错责任的特殊侵权案件，受害人和加害人之间的地位悬殊，为了体现立法保护弱者的原则，只有在受害人存在重大过失的情况下，才可适用过失相抵。

11. 共同侵权致人损害如何确定责任分担？

根据《民法通则》的规定，二人以上共同侵权造成他人损害的，应当承担连带责任。共同侵权是指二人以上以共同的加害行为造成他人损害。只要是二人以上共同故意或者共同过失致人损害，或者虽无共同故意、共同过失，但侵害行为结合起来发生同一损害后果的，即构成共同侵权，应当承担连带责任。在共同侵权情形下，侵权行为人之间无论有无合谋或者意思联络，即使是共同过失，只要侵权行为结合起来造成了加害后果，就应当负连带责任。但是，二人以上没有共同故意或者共同过失，其分别实施的数个行为间接结合发生同一损害结果的，应当根据过失大小或者原因力比例各自承担相应的赔偿责任。

12. 由于共同危险行为侵犯他人人身权的责任如何承担？

8 岁儿童张某与吴某等六人在一废弃的旧窑内玩打土仗的游戏，张某和另两名儿童为一组在窑内，吴某和另两名儿童为一组在窑外，在双方扔土块的过程中，张某被土块砸伤右眼，共花费医疗费 35679. 3 元。经鉴定，张某的伤残等级为七级。张某因赔偿问题与其他五人发生分歧，诉至人民法院，要求其他五人支付赔偿费用共计 105472. 8 元。法院经过调查，不能确定是谁扔的土块砸伤了张某，那么，该案中侵害张某人身权的责任应该怎样承担呢？

本案中，原、被告均为未成年人，在玩打土仗的危险游戏时，不能预见到其危险性，并且也不能查明谁是侵权人，该行为就是民法上的共同危险行为，即二人以上共同实施侵害他人的危险行为，不能判明是谁造成损害后果的情形。《人身损害赔偿司法解释》第 4 条规定了对该种情形的处理原则：二人以上共同实施危及他人人身安全的行为并造成损害后果，不能确定实际侵害行为人的，应当依照《民法通则》第 130 条规定承担连带责任。共同危险行为人能够证明损害后果不是由其行为造成的，不承担赔偿责任。《民法通则》第 130 条规定，二人以上共同侵权造成他人损害的，应当承担连带责任。

对于本案，张某的伤虽不能确定是由谁造成的，但可以肯定是由窑外的三人所扔的土块砸伤的，因此，侵害张某人身权的责任应由在窑外的吴某和另两名儿童承担。而张某由于采取不当的手段玩耍，致使自己受到伤害，因此也应负一定的责任。

13. 教唆儿童或者精神病人致人损害的，该如何确定责任承担？

未成年人和不能辨认自己行为的精神病人属于无行为能力人，通常会在教唆者的教唆下实施危害行为。这种情况下，他们是被作为了侵权的工具，因此，无行为能力人及其监护人不承担民事责任，而应由教唆者承担侵权责任。

14. 侵害生命权的免责事由有哪些？

免责事由，是指法律规定的对于不履行合同或者致他人财产、人身权利损害不承担民事责任的情况。免责事由一般由法律规定。根据《民法通则》的规定，侵害生命权的免责事由包括以下几种情况：

（1）正当防卫。正当防卫是指行为人为了使公共利益或自己与他人的合法权益免受不法侵害，而对正在实施侵害的违法行为人所采取的必要的防卫措施。

（2）紧急避险。紧急避险是指行为人在遭到紧急危难的情况下，为避免一个较大的合法权益受到侵害，而不得已所采取的牺牲某一较小利益的救助行为。

（3）不可抗力。不可抗力是指不能预见、不能避免，且不能克服的客观情况，又称不可抗拒的原因。这种不可抗拒的原因，可以是由自然现象引起的，如地震、台风、火山爆发等，也可以是由某些社会现象引起的，如战争等。

15. 正当防卫应当具备哪些条件？

实施正当防卫应当具备以下条件：第一，必须是为了保护合法权益而实施的防卫行为；第二，防卫措施必须针对不法侵害人而实施；第三，必须是针对正在进行的不法侵害采取防卫措施，事前防卫和事后防卫都不构成正当防卫，都应当负相应的法律责任；第四，正当防卫不得超过必要的限度，造成不必要的损害。

超过必要限度的防卫为防卫过当，防卫过当造成不应有的损害的，应当承担相应的法律责任。承担刑事责任的防卫过当应具备的条件是“正当防卫明显超过必要限度，造成重大损害”，“必要限度”是指“足以制止不法侵害”的程度。

16. 紧急避险应当具备哪些条件？

因为紧急避险造成损害的，紧急避险人不承担民事责任或者只承担适当的民事责任。紧急避险需要具备一定的条件：第一，紧急避险必须是在存在现实危险并且没有其他办法可以避免的情况下不得已而采取的措施；第二，紧急避险所损害的利益必须小于被保全的利益；第三，紧急避险不能超过必要的限度。

因紧急避险采取措施不当或者超过必要的限度，造成不应有的损害的，构成避险过当，紧急避险人应当承担适当的民事责任。此外，因紧急避险造成他人损失的，如果险情是由自然原因引起，行为人采取的措施又无不当，则行为人不承担民事责任。受害人要求补偿的，可以责令受益人适当补偿。

17. 构成不可抗力需要具备哪些条件？

构成不可抗力需要具备以下条件：首先，不可抗力必须是当事人不能预见的事件，即当事人在做出行为时所不能预见的事件。其次，不可抗力是发生在当事人外部的事件，即当事人意志范围之外的事件。最后，不可抗力是当事人不能控制的事件，即不以当事人主观意志为转移的客观必然的事件。它包括两个方面的意义：一是不能避免，二是不能防止或克服。因不可抗力在客观上造成损害结果，行为人由于主观上没有故意或者过失，所以不承担民事责任。《民法通则》第107条规定："因不可抗力不能履行合同或者造成他人损害的，不承担民事责任"。

18. 什么是离婚损害赔偿制度？

离婚损害赔偿制度，是指因夫妻一方的重大过错致使婚姻关系破裂，无过错方有权要求过错方赔偿损害的制度。离婚损害赔偿是一种权利救济，有利于维护婚姻家庭的平等、健康和稳定。

19.《婚姻法》确立的过错损害赔偿制度的具体内容是什么？

《婚姻法》第46条规定："有下列情形之一，导致离婚的，无过错方有权请求损害赔偿：（一）重婚的；（二）有配偶者与他人同居的；（三）实施家庭暴力的；（四）虐待、遗弃家庭成员的。"具体而言，构成侵害配偶权的侵权责任，应当具备以下条件：一是存在违法行为，就是指存在上述几种违法情形；二是存在侵害配偶权的损害事实，即使配偶身份利益遭受损害的事实；三是侵害配偶权违法行为与配偶身份利益损害事实之间存在因果关系；四是存在主观过错，即具有侵害配偶权的故意。具备以上四个要件，即构成侵害配偶权民事责任，无过错方可以向有过错方请求损害赔偿。

20. 人身损害赔偿费是夫妻共同财产还是个人财产？如何继承？

夫妻一方因遭受人身损害所获得的赔偿费一般情况下包括：医疗费、误工费、护理费、交通费和住宿费。对这些费用的处理方法是：

（1）赔偿的医疗费，有两种情况：

①在受害人的身体治愈后，所给予的医疗费赔偿，在扣除因治疗所欠的债务以后，原则上属于夫妻共同财产，但受害人治疗时所用的是有约定的个人钱款的除外；

②在受害人的身体未治愈时，所给予的医疗费赔偿，在扣除因治疗所欠下的债务以后，还需用于继续治疗的，一般属于个人财产。

（2）赔偿的受害人的误工费，原则上属于夫妻共同财产。

（3）赔偿的专门护理人的护理费，原则上谁护理就赔偿谁，但是，由夫妻一方护理的，其护理费原则上属于夫妻共同财产。

（4）赔偿的交通费和住宿费，除去赔偿专门护理人的交通费和住宿费外，一般属于夫妻共同财产。

如果受害人此后不久因故死亡，那么，上述人身损害赔偿费中，属于受害人个人财产的，应全部作为遗产继承；属于夫妻共同财产的，应先进行析产，将属于受害人配偶个人所有的部分扣除后，再对属于受害人所有的财产进行继承。

21. 法律对人身损害赔偿的诉讼时效是如何规定的？

诉讼时效是指民事权利受到侵害的权利人在法定的时效期间内不行使权利，当时效期间届满时，人民法院对权利人的权利不再进行保护的制度。在法律规定的诉讼时效期间，权利人提出请求的，人民法院可强制义务人履行所承担的义务。而在法定的诉讼时效期间届满后，权利人行使请求权的，人民法院不再予以保护。当事人超过诉讼时效后起诉的，人民法院应当受理。受理后查明无中止、中断、延长事由的，判决驳回其诉讼请求。

《民法通则》第135条规定：“向人民法院请求保护民事权利的诉讼时效期间为二年，法律另有规定的除外。”由此可见，我国民事诉讼的一般诉讼时效为2年。但是，《民法通则》第136条第

（一）项规定："下列的诉讼时效期间为一年：（一）身体受到伤害要求赔偿的……"所以，普通人身损害赔偿诉讼时效的期限是1年。此外，《环境保护法》第42条规定："因环境污染损害赔偿提起诉讼的时效期间为三年，从当事人知道或者应当知道受到污染损害时起计算。"所以，因环境污染提起人身损害赔偿诉讼的时效期间是3年。

关于人身损害赔偿的诉讼时效起算时间的确定，我国《民法通则》第137条规定："诉讼时效期间从知道或者应当知道权利被侵害时起计算。但是，从权利被侵害之日起超过二十年的，人民法院不予保护。有特殊情况的，人民法院可以延长诉讼时效期间。"那么，如何理解"知道或者应当知道权利被侵害时起计算"呢？具体的规定见于《民通意见》第168条，该条规定："人身损害赔偿的诉讼时效期间，伤害明显的，从受伤害之日起算；伤害当时未曾发现，后经检查确诊并能证明是由侵害引起的，从伤势确诊之日起算。"因此，侵害身体权的侵权行为发生后，当事人知道或者应当知道权利被侵害，诉讼时效就开始计算。对于侵害健康权的，要按受伤之日、侵害时不能发现的伤害确诊之日的不同来计算诉讼时效。对于造成丧失劳动能力的，必须在确认劳动能力丧失的程度后，才开始计算诉讼时效。另外，权利人一直不知道自己的权利被侵害的，人身损害赔偿的时效最长也只有20年，超过20年的，人民法院也不予保护。

22. 在人身损害赔偿诉讼中，哪些情形下适用诉讼时效的中止和中断？

诉讼时效的中止，是指在诉讼时效进行中，因一定的法定事由产生而使权利人无法行使请求权，暂停计算诉讼时效期间。诉讼时效的中断，则是指在诉讼时效期间进行中，因发生一定的法定事由，致使已经经过的时效期间统归无效，待时效中断的事由消除后，诉讼时效期间重新起算。

《民法通则》第139条规定："在诉讼时效期间的最后六个月内，因不可抗力或者其他障碍不能行使请求权的，诉讼时效中止。从中止时效的原因消除之日起，诉讼时效期间继续计算。"

因此，诉讼时效的中止必须因法定事由而发生。这些法定事由包括两大类：一是不可抗力，如自然灾害、军事行动等，都是当事人无法预见和克服的客观情况；二是其他阻碍权利人行使请求权的情况，根据2008年9月实施的《最高人民法院关于审理民事案件适用诉讼时效制度若干问题的规定》第20条的规定，其他阻碍权利人行使请求权的情况主要有：（1）权利被侵害的无民事行为能力人、限制民事行为能力人没有法定代理人，或者法定代理人死亡、丧失代理权、丧失行为能力；（2）继承开始后未确定继承人或者遗产管理人；（3）权利人被义务人或者其他人控制无法主张权利；（4）其他导致权利人不能主张权利的客观情形。

法定事由发生在诉讼时效期间的最后6个月内，才会产生中止诉讼时效的效力。中止前已经进行的时效仍然有效，中止时效的法定事由消除后，继续以前计算的诉讼时效至届满为止。

《民法通则》第140条规定："诉讼时效因提起诉讼、当事人一方提出要求或者同意履行义务而中断。从中断时起，诉讼时效期间重新计算。"可见，诉讼时效中断的事由区别于诉讼时效中止的事由，其是依当事人的主观意志而实施的行为。

23. 父母代子女放弃损害赔偿请求权，是否有效?

王某和李某均为小学二年级学生，某日放学途中两人打闹时，王某不慎被李某推倒在地，导致身上多处擦伤和骨折。为治疗，王某的父母花费了数万元。因两家父母比较熟悉，在中间人的调停下，双方父母自愿达成协议：由李某的父母一次性赔偿王某5000元。此后，两家发生纠纷，王某的父母以其子的名义诉至法院，要求赔偿全部损失。那么，该案中王某的父母在达成赔偿协议的前提下又起诉要求对方承担全部赔偿责任的行为，能得到法院的支持吗？父母能够代子女放弃损害赔偿请求权吗？

本案中，王某的父母代王某起诉李某要求对方承担全部赔偿责任的行为能够得到法院的支持，父母不能代子女放弃损害赔偿请求权。

我国《民法通则》第18条第1款、第3款规定："监护人应当履行监护职责，保护被监护人的人身、财产及其他合法权益，除为被监护人的利益外，不得处理被监护人财产"。"监护人不履行监护职责或者侵害被监护人的合法权益的，应当承担责任；给被监护人造成财产损失的，应当赔偿损失。人民法院可以根据有关人员或者有关单位的申请，撤销监护人的资格。"当未成年人的监护人非为被监护人利益而处分其财产给其造成损失时，其应承担赔偿责任。关于父母非为未成年子女的利益而处分其财产或权利的行为是否有效，应视其是无偿行为还是有偿行为而定：若属无偿行为则无效，因为相对人取得利益并没有支付任何对价，即使认定处分行为无效，也不会对相对人产生太大的不利影响，此时应侧重保护未成年人的利益；若属有偿行为则有效，因为相对人取得财产支付了相应对价，若认定处分行为无效，则会给相对人带来不利影响，此时法律应侧重维护交易安全。对由此而给未成年人造成的损失，可按《民法通则》第18条第3款之规定处理。

本案中，王某应得到的人身损害赔偿金远远超出了赔偿协议约定的金额，人身损害赔偿之债权却被其父母无偿地放弃，不能认为是为了王某的利益。该协议显失公平。因此，应当认定王某父母处分王某权利的协议无效。

24. 对人身损害赔偿案件提起上诉应当提供哪些证明?

人身损害赔偿案件需要提供的证明有:有关损害发生程度的证据材料;受害人受损害程度的证据材料;要求赔偿医药费、住院费的,要提供医院病历、医院转院证明;要求赔偿护理费的,应提供医院准许护理的证明及护理费凭证;要求赔偿误工损失的,应提供医院出具的病休证明或法医学鉴定证明,并提供单位的误工证明及受害人每月经济收入情况证明,没有工作单位的,居委会或村居委会出具证明;要求赔偿交通费的,应提供交通费凭证;要求给付营养费的,应提供医院证明;受害人死亡,其亲属要求赔偿因死亡所支付的丧葬等各类经济损失费或因受害人死亡而生前受扶养的人要求偿付必要的生活费的,应提供亲属关系的证明、丧葬费凭证、清单及受害人生前扶养情况的证明;受害人伤未痊愈需要继续治疗的,应提供医院复检伤情的证明;因道路交通事故要求赔偿的,应提供公安机关出具的交通事故责任认定书、调解书、调解终结书或该事故不属于任何一方当事人违章行为造成的结论,因非道路交通事故要求赔偿的,应提供公安机关出具的非道路交通事故通知书;因医疗事故要求赔偿的,应提供医疗事故技术鉴定委员会出具的医疗事故鉴定结论;要求雇主赔偿的,应提供雇佣关系的证明材料,等等。

二、一般侵权行为类型及责任承担

1. 用网名在博客上发表文章损毁他人名誉，应由谁承担侵权责任？

随着网络的发展与普及，上网已经成为许多人生活中不可缺少的内容，许多人养成了在网络上注册博客，用写博客文章的形式记录自己生活的点滴，而有些网友出于吸引眼球、提高点击率的目的，在博客上写作或者转载一些内容不实或者标题耸人听闻的文章，这种行为在现实生活中有的就引起了法律纠纷。如海淀法院审理的国内首例“博客告博客案”。2005 年 6 月 29 日至 2006 年 1 月 15 日期间，博客网中先后刊登了 5 篇署名“秦尘”的文章，题目有《秦尘：沈阳式路演该停停吧!!! ——大过年的，沈阳发什么疯》等。沈阳认为其文中“沈阳除了博客痴呆症外，还有‘狂犬病’，不仅乱叫，还乱咬”等内容，对其名誉权构成侵害，因此将“秦尘”（真名张明）告到海淀法院，索赔精神损失费 1 万元。

法院部分支持了原告沈阳的诉讼请求，认定被告张明的行为对沈阳的人格利益构成侵害，因此张明应在判决生效后 7 日内，连续 30 天以“秦尘”的署名在博客网上刊登致歉声明，第二被告北京博客网公司对此须协助，否则法院会将判决书主要内容刊登到媒体上，费用由张明承担。对于沈阳提出的 1 万元精神损失赔偿，法院认定因为侵权文章已经删除，沈阳也没有举证给其造成的严重后果，因此不能支持其这项请求，但由于沈阳花了 1010 元的公证费进行取证，法院判决该费用由张明承担。沈阳的其他诉讼请求被驳回。

我国《侵权责任法》第36条规定："网络用户、网络服务提供者利用网络侵害他人民事权益的，应当承担侵权责任。网络用户利用网络服务实施侵权行为的，被侵权人有权通知网络服务提供者采取删除、屏蔽、断开链接等必要措施。网络服务提供者接到通知后未及时采取必要措施的，对损害的扩大部分与该网络用户承担连带责任。网络服务提供者知道网络用户利用其网络服务侵害他人民事权益，未采取必要措施的，与该网络用户承担连带责任。"可见，在网络这个虚拟空间内，侵犯了他人的民事权益的，同样也应当承担侵权责任。如果网络服务提供者存在过错的，与侵权人承担连带责任。

2. 劳务派遣期间，被派遣劳动者因执行工作任务造成他人损害，由谁承担侵权责任？

在当前的劳动关系中，出现了一个新现象，即劳务派遣。劳务派遣又称劳动派遣、劳动力租赁，是指由劳务派遣单位与被派遣劳动者订立劳动合同，由被派遣劳动者向用工单位给付劳务，劳动合同关系存在于劳务派遣单位与被派遣劳动者之间，但劳务给付的事实则发生于被派遣劳动者与用工单位之间。劳务派遣的最显著特征就是劳动力的雇佣和使用分离。劳务派遣单位已经不同于职业介绍机构，它成为与劳动者签订劳动合同的一方当事人；而用工单位与被派遣劳动者之间并不存在劳动关系。这不同于我们以前所说的劳动关系。以往，职工与用人单位之间属于劳动关系，对于职工在执行工作任务中造成他人损害的，根据《侵权责任法》第34条第1款的规定，由用人单位承担侵权责任。而被派遣劳动者因执行工作任务造成他人损害时，该由谁承担侵权责任呢？

对此，《侵权责任法》第34条第2款作了明确规定："劳务派遣期间，被派遣的工作人员因执行工作任务造成他人损害的，由接受劳务派遣的用工单位承担侵权责任；劳务派遣单位有过错的，承担相应的补充责任。”可见，被派遣劳动者在工作中造成的他人损害，不是由劳动关系所在的劳务派遣单位承担责任，而是由接受劳务派遣的用工单位承担侵权责任。如果劳务派遣单位存在过错，如存在派遣了不符合用工单位资质要求的人员等情况，则由劳务派遣单位承担相应的补充责任。

3. 低压触电导致人身伤亡，赔偿责任由谁承担？

电力侵权责任分为非高压触电侵权责任和高压触电侵权责任两种。所谓非高压，是指电力等级在1000伏以下。对触电侵权责任作出高压与非高压的区分，原因在于二者的归责原则以及所适用的法律规定有所不同。非高压触电侵权属于一般侵权责任，而高压触电侵权则属于特殊侵权责任，适用特定的归责原则。

根据《最高人民法院关于审理触电人身损害赔偿案件若干问题的解释》的规定，非高压触电侵权责任适用过错责任原则。根据我国《供电营业规则》第51条的规定，在供电设施上发生事故引起的法律责任，按供电设施产权归属确定。产权归属于谁，谁就承担其拥有的供电设施上发生事故引起的法律责任。这里“产权”的概念，可理解为供电设施的所有权或经营权。非高压触电侵权责任发生后，只要能够证明加害人，即供电设施的所有人或经营者主观上存在过错，如维护不当、隐患没有发现等，就可以要求其承担相应的侵权责任。

4. 学生伤害事故的归责原则是什么？

学生伤害事故的归责原则主要有过错推定责任和一般过错责任两种。根据《侵权责任法》第38条和第39条的规定可以知道，未成年人在幼儿园、学校或其他教育机构学习、生活期间遭受人身损害时，认定幼儿园、学校或者其他教育机构应当承担的侵权责任，要注意区分无民事行为能力人和限制行为能力人而适用不同的归责原则。

《侵权责任法》第 38 条规定：“无民事行为能力人在幼儿园、学校或者其他教育机构学习、生活期间受到人身损害的，幼儿园、学校或者其他教育机构应当承担责任，但能够证明尽到教育、管理职责的，不承担责任。”由此可知，在幼儿园、学校或者其他教育机构中学习、生活的无民事行为能力人，在校内发生的损害，适用过错推定责任。过错推定是过错责任原则的一种特殊表现形式。所谓过错推定，是指在损害事实发生后，基于某种客观事实或条件而推定行为人具有过失，从而减轻或者免除受害人对过失的证明责任，并由被推定者负担证明自己没有过失的规则。值得注意的是，本条款只适用于无行为能力人，即不满 10 周岁的未成年人和完全不能辨认自己行为后果的精神病人。前者主要包括幼儿园和小学三年级以下的小学生；后者主要包括智障学校等特殊教育机构的受教育者。只要作为无行为能力人的学生在教育机构学习、生活期间受到人身损害，就推定教育机构存在管理、保护上的过失，应当承担责任，除非其能够证明自己已经尽到职责，方无须承担责任。

《侵权责任法》第 39 条规定：“限制民事行为能力人在学校或者其他教育机构学习、生活期间受到人身损害，学校或者其他教育机构未尽到教育、管理职责的，应当承担责任。”由此可知，限制民事行为能力人在幼儿园、学校或者其他教育机构学习、生活期间受到人身损害时，教育机构违反对学生的教育、管理、督导、保护的义务而发生的责任不同于无行为能力人受到损害时承担的责任，此责任适用一般的过错责任原则，而不适用过错推定责任原则。

上述两种情形，均为未成年人在幼儿园、学校或者其他教育机构中受到来自内部人员的伤害。当未成年人遭受来自幼儿园、学校或者其他教育机构以外的人员造成的伤害时，由侵权人承担侵权责任，幼儿园、学校或者其他教育机构未尽到管理职责时，承担相应的补充责任，即根据幼儿园、学校或者其他教育机构未尽到的管理职责的程度来确定其应当承担的侵权责任的份额。

5. 学校、幼儿园对在校未成年人承担的责任是监护责任吗?

学校、幼儿园等教育机构不是在校未成年学生的监护人，对在校未成年学生不负有监护责任。未成年学生到学校来上学，家长的监护权并没有自动地转归学校。学校等教育机构承担的是对学生的教育、管理与保护职责，所以，在学生发生伤害事故的情况下，学校只承担与其过错相应的民事责任，而不是《民法通则》第133条规定的监护人责任。具体而言：

（1）学生伤害事故人身损害赔偿责任，学校有过错的，应当承担赔偿责任。

（2）学校对学生伤害事故的赔偿责任，应当是造成未成年学生人身伤害的赔偿，以及未成年学生造成他人人身伤害的赔偿，还有第三人造成学生人身伤害时的补充赔偿。对于无民事行为能力的学生受到伤害或者伤害他人，学校有过失的，应当承担赔偿责任；对于限制行为能力的学生受到伤害或者伤害他人的，这种赔偿责任应当有所限制，学校有较大过失的，才承担赔偿责任；对于已经成年的学生，受到伤害或者伤害他人，学校有重大过失的，承担赔偿责任。否则，学校不承担责任。

（3）属于学生及其法定代理人（或学生生活费供养者）承担的责任，由学生法定代理人（或学生生活费供养者）承担。学生由于自己的过错，或者属于学生法定代理人监护不周造成的人身伤害，应当由有过错的学生的法定代理人承担责任，与学校无关。已经成年的学生因为自己的过失，受到人身伤害或者伤害他人，应当由自己承担责任，自己没有赔偿能力的，由其生活费供养者支付。

(4) 由于第三人的过错造成学生受到伤害或者学生伤害他人的，应当由有过错的第三人承担赔偿责任。

(5) 对于造成的学生伤害事故，学校、学生及其法定代理人、第三人都有责任的，应当比较过错和原因力，确定各自的赔偿责任。构成共同侵权责任的，应当承担连带责任；不构成共同侵权责任的，按份承担责任。

(6) 学校为学生伤害事故投保的，学生伤害事故发生之后，应当首先由保险公司承担赔偿责任，依照保险合同的约定处理。如果依据保险合同的约定赔偿尚有不足部分，不足部分应当由学校承担补充责任。

6. 学生伤害事故中，学生的意外伤害保险金能否抵消学校的赔偿金？

学生在学校经常投保的险种是人身意外伤害保险，发生伤害时学生能否既要求保险金又要求学校的赔偿金？回答这个问题之前，我们先要了解意外伤害保险金的性质。

意外伤害保险属于人身保险的一种，是指被保险人遭受意外伤害或者因为意外伤害而致残、死亡时，由保险人支付保险金的赔偿。意外伤害保险的保险标的是被保险人的身体和生命，发生伤害时，不论事故的起因，凡是属于保险范围内的事故造成被保险人死亡、伤残的，保险人均负赔偿责任。人身意外伤害保险适用定额给付原则，根据保险合同中规定的死亡或者伤残程度给付标准给付保险金。保险人给付保险金后，不产生代位求偿权，被保险人仍有权向第三者请求赔偿。也就是说，被保险人或者受益人从保险人处获得保险赔偿，并不妨碍其依法向侵权人请求赔偿，被保险人或者受益人同时可以享有侵权赔偿请求权和保险金请求权两项权利。现行《保险法》第46条对此作了明确规定，即被保险人因第三者的行为而发生死亡、伤残或者疾病等保险事故的，保险人向被保险人或者受益人给付保险金后，不得享有向第三者追偿的权利，但被保险人或者受益人仍有权向第三者请求赔偿。

因此，作为被保险人的学生在遭受意外伤害后，有根据法律规定和保险合同约定获得理赔的权利，其在保险机构获得的保险金，属于保险合同利益，是在履行保险合同义务后依法享有的保险权利。其在要求付给保险金的同时，仍然有权要求学校承担赔偿责任。

此外，学生自己投保的人身意外伤害险不同于学校投保的学校责任险。如果学校投保了学校责任险，发生了学校负有责任的学生伤害事故，则学校领取的保险金可以抵消学校的赔偿金，此时学生不能同时获得双份赔偿，但如果超出了保险责任限额，对超出部分学校仍然负有赔偿责任。

7. 学生人身伤害事故中，在哪些情况下学校不承担责任？

学校不承担责任的情形有两种：一种是在意外的情形下，另一种是非学校责任的原因。

意外情形主要指台风、地震、学生自杀、自伤或者因为学生本身的特异体质、特定疾病等情形，也就是人无法预料、无法控制的情形下发生的意外事故。在意外事故的情形下，学校不承担责任。

非学校责任的原因主要指在学校管理职责范围之外所发生的学生人身伤害事故，学校不承担责任的情形。根据《学生伤害事故处理办法》第13条的规定，下列情形下发生的造成学生人身损害后果的事故，学校行为并无不当的，不承担事故责任：

(1) 在学生自行上学、放学、返校、离校途中发生的；

(2) 在学生自行外出或者擅自离校期间发生的；

(3) 在放学后、节假日或者假期等学校工作时间以外，学生自行滞留学校或者自行到校发生的；

(4) 其他在学校管理职责范围外发生的。

上述事故的发生，都是学校管理职责范围之外发生的学生伤害事故，学校行为并无不当，这些事故责任应当按有关法律法规或者其他有关规定认定。

此外，在学生人身伤害事故中还有一种学校免除责任的情形，即《学生伤害事故处理办法》第 14 条规定的，因学校教师或者其他工作人员与其职务无关的个人行为，或者因学生、教师及其他个人故意实施的违法犯罪行为，造成学生人身伤害的，由致害人依法承担相应的责任。

8. 怎样判断学校、幼儿园或者其他教育机构存在过错?

根据《学生伤害事故处理办法》第 9 条的规定，因下列情形之一造成的学生伤害事故，学校应当依法承担相应的责任，也就是说，在以下情形下学校、幼儿园或者其他教育机构存在过错，应当承担与其过错相当的赔偿责任：

(1) 学校的校舍、场地、其他公共设施，以及学校提供给学生使用的学具、教育教学和生活设施、设备不符合国家规定的标准，或者有明显不安全因素的；

(2) 学校的安全保卫、消防、设施设备管理等安全管理制度有明显疏漏，或者管理混乱，存在重大安全隐患，而未及时采取措施的；

(3) 学校向学生提供的药品、食品、饮用水等不符合国家或者行业的有关标准、要求的；

(4) 学校组织学生参加教育教学活动或者校外活动，未对学生进行相应的安全教育，并未在可预见的范围内采取必要的安全措施的；

(5) 学校知道教师或者其他工作人员患有不适宜担任教育教学工作的疾病，但未采取必要措施的；

(6) 学校违反有关规定，组织或者安排未成年学生从事不宜未成年人参加的劳动、体育运动或者其他活动的；

(7) 学生有特异体质或者特定疾病，不宜参加某种教育教学活动，学校知道或者应当知道，但未予以必要的注意的；

(8) 学生在校期间突发疾病或者受到伤害，学校发现，但未根据实际情况及时采取相应措施，导致不良后果加重的；

(9) 学校教师或者其他工作人员体罚或者变相体罚学生，或者在履行职责过程中违反工作要求、操作规程、职业道德或者其他有关规定的；

(10) 学校教师或者其他工作人员在负有组织、管理未成年学生的职责期间，发现学生行为具有危险性，但未进行必要的管理、告诫或者制止的；

(11) 对未成年学生擅自离校等与学生人身安全直接相关的信息，学校发现或者知道，但未及时告知未成年学生的监护人，导致未成年学生因脱离监护人的保护而发生伤害的；

(12) 学校有未依法履行职责的其他情形的。

9. 学生在学校受到伤害应如何确定赔偿责任？

从幼儿园的学生到小学生、中学生，在学校活动中都会发生受到伤害的事情。学生受到伤害的常见原因有：因教师体罚而致伤，因学生间相互斗殴或玩耍时致伤，因学校设施不牢固而致伤，等等。如曾经引起社会极大关注的某市中学由于楼梯设备不合格，导致夜自习放学后因拥挤而使楼梯栏杆倒塌，酿成数名学生伤亡的校园惨剧。对于学生在学校受到伤害的情况，要分清责任以确定合理的赔偿办法：

（1）学生因教师体罚而受伤。教师教学是在履行职务，但教师体罚学生违背职业道德，因体罚学生造成的伤害应先由学校承担责任，然后由学校向教师追偿一部分。

（2）学生间相互斗殴或玩耍时致对方伤害。这种情况下，赔偿责任应由学生及其监护人承担。如果学校管理教育不力，对学生斗殴或玩耍致伤负有责任，也可以给予一定的赔偿。

（3）因学校设施的原因致学生伤害。如因建筑物坍塌、玻璃震碎、楼梯有问题等使学生受到伤害，这种赔偿责任应由学校承担。因为学校作为教育机构，有责任给学生提供安全的设施，使其人身受到有效的保护。学校未尽到保护责任，应自己承担其后果。

10. 什么是安全保障义务？

根据《侵权责任法》第37条的规定可知，安全保障义务是指宾馆、商场、银行、车站、娱乐场所等公共场所的管理人或者群众性活动的组织者，所负有的在合理限度范围内保护他人人身和财产安全的义务。这是为了保障广大人民群众的人身财产安全，而对经营者及其他民事主体规定的一项注意义务。其义务主体，即安全保障义务人，包括两类：一是宾馆、商场、银行、车站、娱乐场所、机场、码头、公园、餐厅等公共场所的管理人；二是群众性活动的组织者，如体育比赛、文艺演出、展销会、人才招聘会等的组织者。

安全保障义务是为了保护他人的人身和财产安全，而要求义务人必须采取一定的行为来维护他人的人身或者财产免受侵害。判断义务人是否尽到了该义务，需要综合考虑各种因素，如安全保障义务人所在行业的普遍情况、所在地区的具体条件、所组织活动的规模、侵权行为的性质和力度、义务人的安保能力、发生侵权行为前后所采取的防范、制止侵权行为的状况等方面。

11. 经营者的安全保障义务具体包括哪些内容?

经营者的安全保障义务具体来讲包括硬件和软件两个方面:

(1) 硬件方面的安全保障义务。

①服务场所使用的建筑物、配套服务设施、设备应当安全可靠，有国家强制标准的，应当符合强制标准的要求，没有国家强制标准的，应当符合行业标准或者达到进行此等经营所需要达到的安全标准。具体包括下列要求:

一是符合建筑物主体结构方面的安全要求。经营者所使用的建筑应当符合《建筑法》、《建设工程质量管理条例》的规定，在投入经营使用前必须经过建筑行政主管部门验收合格，等等。

二是符合消防方面法律法规的要求。这方面的法律法规，如《消防法》，一般要求经营者在服务场所内配备必要的消防设备并保证它们一直处于良好的状态。

三是符合经营场所的电梯安全的特别要求。1992 年劳动部《关于加强电梯安全管理的通知》规定:电梯实行安全使用证制度，新电梯安装必须取得劳动部门颁发的安全使用证后，方可运行。对在用电梯实行安全年检制度，在电梯使用单位日常维修、保养的基础上，每年应进行一次安全检验。检验不合格的，不允许运行，经使用单位整改并经检验合格后，方可运行;对存在问题较多、一时难以修复的电梯，应吊销其安全使用证。

②经营者对于可能出现的危险应当采取必要的安全防范措施，配备数量足够的、合格的安全保障人员。如《娱乐场所管理条例》第 26 条规定，娱乐场所应当与保安服务企业签订保安服务合同，配备专业保安人员。现实生活中，银行、证券公司、游泳场馆等场所应当配备经过培训合格的保安人员、救生人员等提供安全保

障的人员。

（2）软件方面的安全保障义务。

①经营者应当消除经营场所内的不安全因素，为消费者创造一个安全的消费环境。经营者向消费者提供的服务内容和服务过程应当是安全的，如果服务内容或者过程存在对消费者人身或财产造成损害的危险，就属于内部不安全因素。

②经营者应当防范外部的不安全因素，制止来自第三方对消费者的侵害。这主要是指通过经营者工作人员的服务工作，照顾、保护消费者的人身、财产安全不致遭受来自外界、第三人的侵害。

③经营者对不安全因素有提示、说明、劝告、协助义务。经营者应当对各种可能出现的伤害和意外情况等作出明显的警示，对于可能出现的危险对消费者进行合理的说明，对于有违安全的消费者进行劝告，必要时可以通知相关部门采取相应的强制措施。

12. 义务人未尽安全保障义务应承担什么责任？

一旦认定义务人未尽到适当的安全保障义务，则其需要承担相应的侵权责任。这又分为两种情形：

一是义务人未尽到安全保障义务，造成他人损害的，如果损害后果的发生没有第三人的介入，则安全保障义务人应当自己承担全部的侵权责任。

二是安全保障义务人未尽到防止他人遭受第三人侵害的安全保障义务，应承担相应的补充责任，相应的补充责任限于“其能够防止或者制止损害的范围内”。

13. 未成年人在经营者免费提供的游乐设施内受伤，能否要求商家赔偿？

日常生活中会看到一些商场和快餐厅内提供了免费供未成年

人玩耍的游乐设施，那么在这些游乐设施内发生的人身损害，该由谁来承担赔偿责任呢？

《人身损害赔偿司法解释》第6条规定："从事住宿、餐饮、娱乐等经营活动或者其他社会活动的自然人、法人、其他组织，未尽合理限度范围内的安全保障义务致使他人遭受人身损害，赔偿权利人请求其承担相应赔偿责任的，人民法院应予支持。因第三人侵权导致损害结果发生的，由实施侵权行为的第三人承担赔偿责任。安全保障义务人有过错的，应当在其能够防止或者制止损害的范围内承担相应的补充赔偿责任。安全保障义务人承担责任后，可以向第三人追偿。赔偿权利人起诉安全保障义务人的，应当将第三人作为共同被告，但第三人不能确定的除外。"这是我国立法第一次对安全保障义务进行的明确规定。

《侵权责任法》在总结以往司法实践经验的基础上，对未尽到安全保障义务的侵权责任作出了进一步明确规定。该法第37条规定："宾馆、商场、银行、车站、娱乐场所等公共场所的管理人或者群众性活动的组织者，未尽到安全保障义务，造成他人损害的，应当承担侵权责任。因第三人的行为造成他人损害的，由第三人承担侵权责任；管理人或者组织者未尽到安全保障义务的，承担相应的补充责任。"

可见，未成年人在经营者免费提供的游乐设施内受伤，如果因为商家没有尽到安全保障义务，则由商家承担侵权责任。如果是因第三人的行为造成了损害，则由第三人承担侵权责任，管理人或者组织者未尽到安全保障义务的，承担相应的补充责任。

14. 饭店地板过滑致使顾客摔倒骨折，饭店负赔偿责任吗？

何某去一家饭店参加朋友的结婚喜宴，在起身敬酒时由于地板过滑不慎摔倒在地，后经医院检查为股骨骨折，花去治疗费

7000 余元。何某向法院提起诉讼，要求饭店赔偿治疗费和误工费共计 9000 余元。法院会支持他的诉讼请求吗？

答案是肯定的。人们通常认为只有积极实施侵害行为的行为人才承担侵权责任，殊不知商家如果消极不履行安全保障义务造成他人人身损害，同样也应当承担民事责任。《消费者权益保护法》第 7 条规定："消费者在购买、使用商品和接受服务时，享有人身、财产安全不受侵害的权利。"《人身损害赔偿司法解释》第 6 条第 1 款规定："从事住宿、餐饮、娱乐等经营活动或者其他社会活动的自然人、法人、其他组织，未尽合理限度范围内的安全保障义务致使他人遭受人身损害，赔偿权利人请求其承担相应赔偿责任的，人民法院应予支持。"本案中，饭店的地板过滑，是由于饭店没有尽到相应的谨慎注意义务，对何某提出的赔偿请求法院应予支持。

此外，《人身损害赔偿司法解释》第 6 条第 2 款规定："因第三人侵权导致损害结果发生的，由实施侵权行为的第三人承担赔偿责任。安全保障义务人有过错的，应当在其能够防止或者制止损害的范围内承担相应的补充赔偿责任。安全保障义务人承担责任后，可以向第三人追偿。赔偿权利人起诉安全保障义务人的，应当将第三人作为共同被告，但第三人不能确定的除外。"对此需要注意的是，因这种情形发生侵权事件时，只有商家——安全保障义务人有过错时才会承担责任，如果商家没有过错，则不用承担赔偿责任，而只需要侵权人——第三人承担责任，商家承担的是补充赔偿责任。补充赔偿责任的具体含义是指，在能够确定加害人时，由加害人或其他负有责任的人承担全部责任，安全保障义务人不承担责任，只有在加害人无法确定时，才由安全保障义务人承担全部责任。如果能够确认加害人，当加害人或者对损害负有赔偿责任的人不足以承担全部责任时，则先由加害人或者对损害负有赔偿责任的人尽力承担，剩余部分再由负有安全保障义务的商家承担。因此，受害人在此种情形下，若要起诉商家，则必须将侵权人——第三人作为共同被告。也就是说，在侵权人明确的情况下，不能单独起诉商家。只有侵权人不能确定时，才可以单独起诉商家。

15. 因经营场所服务设施而导致的伤害，要求经营者赔偿应符合哪些条件？

从事住宿、餐饮、娱乐等经营活动或者其他社会活动的自然人、法人、其他组织，应尽合理限度范围内的安全保障义务以防止他人遭受人身损害。否则，赔偿权利人有权请求其承担相应的赔偿责任。要求相关经营者承担赔偿责任应当符合以下条件：

（1）行为人实施了未尽安全保障义务的行为。未尽安全保障义务的行为，一般是不作为，就是应当为而不为，不应当为而为之。而判断行为人是否违反了安全保障义务，一般要看行为人是否违反了法律、行政法规的规定，有时也要看行为人是否尽到了一般管理人的义务。如果行为人存在怠于防止侵害行为、怠于消除人为的危险情况、怠于消除经营场所或者活动场所具有伤害性的自然情况的情形，那么行为人就要承担相应的赔偿责任。

（2）相对人受到人身损害。人身损害的事实包括生命权、健康权、身体权受到侵害的情形。

（3）受害人的人身损害事实与未尽安全保障义务的行为具有因果关系。即由于未尽安全保障义务的行为，才导致了受保护人人身损害事实的发生。

（4）未尽安全保障义务的人在主观上存在过错。这种过错一般指过失。未尽安全保障义务的人身损害赔偿责任适用过错推定原则，只要义务人未尽义务，造成相对人人身损害，就从损害事实中推定义务人有过失。如果义务人认为自己没有过错，应当自己举证，证明自己没有过错。反之，过错推定成立，构成侵权责任。

16. 在经营场所中受到第三人的侵权所产生的损害后果，由谁承担责任？

在现实生活中，经常会在宾馆、酒店、银行等经营场所发生杀人、伤害的案件，这些属于在经营场所中受到第三人侵权的情形。《人身损害赔偿司法解释》第 6 条第 2 款规定：“因第三人侵权导致损害结果发生的，由实施侵权行为的第三人承担赔偿责任。安全保障义务人有过错的，应当在其能够防止或者制止损害的范围内承担相应的补充赔偿责任。安全保障义务人承担责任后，可以向第三人追偿。赔偿权利人起诉安全保障义务人的，应当将第三人作为共同被告，但第三人不能确定的除外。”

本条内容实际是对未尽安全保障义务致人身损害的补充赔偿责任规定。被侵权人首先应当直接向实施侵权行为的第三人请求人身损害赔偿，当实施侵权行为的第三人承担了全部赔偿责任后，作为补充责任人的安全保障义务人的赔偿责任便不再存在，赔偿权利人不得向其请求赔偿，直接责任人也不得向其追偿。在实施侵权行为的第三人不能全部赔偿或不能赔偿，或者实施侵权行为的第三人下落不明或无法确认时，才可以请求未尽安全保障义务人在其能够防止或者制止损害的范围内承担相应的补充赔偿责任。安全保障义务人承担了部分赔偿责任后，有权请求实施侵权行为的第三人承担其的损失。在诉讼中，赔偿权利人可以同时起诉侵权人和安全保障义务人，法院可列侵权人和安全保障义务人为共同被告。但在判决时，应当明确责令侵权第三人为直接责任人，在其不能赔偿或者赔偿不足时，由安全保障义务人承担补充责任。

17. 机动车和行人、非机动车驾驶人之间发生交通事故，机动车一方是否要承担全责？

我国《道路交通安全法》第76条规定：“机动车发生交通事故造成人身伤亡、财产损失的，由保险公司在机动车第三者责任强制保险责任限额范围内予以赔偿；不足的部分，按照下列规定承担赔偿责任：……（二）机动车与非机动车驾驶人、行人之间发生交通事故，非机动车驾驶人、行人没有过错的，由机动车一方承担赔偿责任；有证据证明非机动车驾驶人、行人有过错的，根据过错程度适当减轻机动车一方的赔偿责任；机动车一方没有过错的，承担不超过百分之十的赔偿责任。”“交通事故的损失是由非机动车驾驶人、行人故意碰撞机动车造成的，机动车一方不承担赔偿责任。”这条规定表明，机动车和行人、非机动车驾驶人之间发生交通事故，主要适用过错推定原则，同时，机动车一方还要承担一部分无过错责任。在此种情况下，机动车一方只有证明行人、非机动车驾驶人故意碰撞机动车，才能免责，否则，必须承担损害赔偿责任，只不过在有证据证明非机动车驾驶人、行人有过错的情况下，可以根据过错程度适当减轻机动车一方的赔偿责任。

机动车和行人、非机动车驾驶人之间发生交通事故后一般作如下处理：

（1）机动车与行人、非机动车驾驶人之间发生交通事故造成人身伤亡、财产损失的，先由保险公司在机动车第三者责任强制保险责任限额范围内予以赔偿。不足的部分，按照双方对事故发生的过错程度依法承担相应的赔偿责任。

（2）行人、非机动车驾驶人没有过错的，由机动车一方承担全部责任。

（3）有证据证明行人、非机动车驾驶人有过错的，根据过错程度适当减轻机动车一方的赔偿责任。受害人的过错与机动车一方侵权责任的减轻呈正相关，过错越大，责任减轻越多，但并不意味着成正比例。这个程度须由法院在审理时自由裁量确定。

（4）即使机动车一方没有任何过错，但只要不存在法定的免责事由，如行人、非机动车驾驶人故意造成交通事故，机动车一方就要承担不超过10%的赔偿责任。具体的赔偿标准，须由法官在审理案件时结合具体情况确定，法律只规定了10%的上限，并没有规定至少须承担多少责任。此外，机动车一方必须承担证明自己没有任何过错的举证责任，主要有以下两个方面：一是机动车驾驶人是否尽到谨慎驾驶的高度注意义务，是否采取了必要的处置措施；二是其所驾驶的机动车是否具备安全运行的技术条件。

（5）行人、非机动车驾驶人故意碰撞机动车造成交通事故的，机动车一方不承担任何赔偿责任。这是机动车对于交通事故的免责事由，即俗称“碰瓷”的交通事故讹诈行为。当然，这里的故意是指故意碰撞机动车，而不是故意违反道路交通安全法律、法规。如果是故意违反交通规则导致交通事故的发生，应当认定行人、非机动车驾驶人一方存在过错，可以根据过错程度适当减轻机动车一方的赔偿责任，而不能完全免除。

18. 借用别人的机动车发生交通事故，由谁承担赔偿责任？

机动车发生交通事故时，属于机动车一方的责任时，当机动车所有人与使用人是同一人时，损害赔偿责任由所有人承担，这是常态。现实生活中，因借用等情形使机动车与其所有人分离，机动车借用人为使用人、实际控制人的情形也很常见。这就存在机动车发生交通事故后，是由机动车的所有人承担赔偿责任还是使用人承担赔偿责任的问题。

我国《道路交通安全法》没有涉及对因出借等情形使机动车与其所有人分离时发生交通事故责任的认定问题，2009 年 12 月 26 日通过的《侵权责任法》首次对这一问题进行了规定。根据该法第 49 条的规定，因借用等情形机动车所有人与使用人不是同一人时，发生交通事故后应按如下规则承担责任：

（1）机动车的所有人应当为自己的机动车购买第三者责任强制保险，在发生交通事故后，首先由保险公司在机动车强制保险责任限额范围内予以赔偿。

（2）保险公司在机动车强制保险限额范围内予以赔偿后，不足部分由机动车使用人承担赔偿责任。作为机动车出借人的所有人，将机动车出借后，就丧失了对该机动车的控制力，而借用人作为机动车的使用人，直接运行并支配机动车，从而应当成为承担责任的主体。使用人，不仅包括借用人，也包括承租人、机动车出质期间的质权人、维修期间的维修人、由他人保管期间的保管人等。在机动车出租、出质、维修和由他人保管期间，机动车由承租人、质权人、维修人和保管人占有，他们对机动车享有运行支配力，而所有人则丧失了对机动车的运行支配力。承租人、质权人、维修人、保管人擅自驾驶机动车发生交通事故的，理应由承租人、质权人、维修人、保管人承担赔偿责任。

（3）机动车所有人对损害的发生有过错的，承担相应的赔偿责任。判断机动车所有人是否有过错的标准主要有以下两个方面：一方面，机动车所有人在将机动车出借、出租时，应当对借用人、承租人进行必要的审查，如有无驾驶资格。另一方面，机动车所有人还应当保障机动车性能符合安全驾驶的要求，如刹车是否灵敏等。如果机动车所有人没有尽到上述应有的注意义务，便有过错，该过错可能成为该机动车造成他人损害的因素，机动车所有人应当对自己的过错造成的损害承担相应的责任。

19. 二手车尚未办理过户手续便发生交通事故，该如何承担赔偿责任？

现实生活中，机动车存在买卖、赠与等转让方式，但如果当事人还没有及时办理过户登记手续便发生交通事故，赔偿责任该如何确定呢？对此，《道路交通安全法》并未作出明确规定。但2001年《最高人民法院关于连环购车未办理过户手续，原车主是否对机动车发生交通事故致人损害承担责任的请示的批复》中明确指出，连环购车未办理过户手续，因车辆已经交付，原车主既不能支配该车的营运，也不能从该车的营运中获得利益，故原车主不应对机动车发生交通事故致人损害承担责任。2009年《侵权责任法》首次从法律的层面上明确了该情形承担赔偿责任的主体。根据该法第50条的规定，以买卖等方式转让并交付机动车但未办理所有权转移登记，发生交通事故后应按如下规则承担赔偿责任：

（1）发生交通事故后，机动车原所有人已经投保机动车第三者责任强制保险的，无论机动车买卖双方、赠与和受赠双方是否办理所有权转移登记，都应当首先由保险公司在机动车强制保险责任限额内予以赔偿。

（2）保险公司赔偿后，不足部分由受让人承担赔偿责任。买了二手车未过户而发生交通事故的，登记车主不承担赔偿责任。根据《物权法》的相关规定，动产物权的设立和转让，自交付时起发生效力。机动车等物权的设立、变更、转让和消灭，未经登记不得对抗善意第三人。但是，未经登记只是缺少公示而不产生社会公信力，在交易过程中不能对抗善意第三人，并不影响买卖合同的生效，也不影响买方因交付而取得车辆的所有权。原车主丧失了对机动车运行支配的能力，在机动车发生交通事故后，仍然要求其承担赔偿责任，是不合理、不公平的。赔偿义务人应当由买受人、受赠人等对机动车运行有实际控制力的占有人来承担。

综上所述，在二手车买到手但未办理过户手续的情况下发生的交通事故，应当由二手车的实际占有人承担赔偿责任，而不是由原车主承担赔偿责任。

20. 分期付款买车的情形下发生道路交通事故，赔偿责任该如何确定?

现实生活中，有许多人贷款买车，那么在分期付款的情形下购买的机动车，发生交通事故时该如何确定赔偿责任呢?

根据《侵权责任法》第50条的立法精神，所有权保留的分期付款买卖机动车的出卖人在发生交通事故后不承担赔偿责任。《最高人民法院关于购买人使用分期付款购买的车辆从事运输因交通事故造成他人财产损失，保留车辆所有权的出卖方不应承担民事责任的批复》也明确规定："采取分期付款方式购车，出卖方在购买方付清全部车款前保留车辆所有权的，购买方以自己名义与他人订立货物运输合同并使用该车运输时，因交通事故造成他人财产损失的，出卖方不承担民事责任。"因此，应当由购买人承担赔偿责任，保留机动车所有权的出卖人不承担赔偿责任。

21. 对交通事故认定书不服，能否提起行政诉讼?

《道路交通安全法》第73条规定："公安机关交通管理部门应当根据交通事故现场勘验、检查、调查情况和有关的检验、鉴定结论，及时制作交通事故认定书，作为处理交通事故的证据。交通事故认定书应当载明交通事故的基本事实、成因和当事人的责任，并送达当事人。"《道路交通事故处理程序规定》第47条规定："公安机关交通管理部门应当自现场调查之日起十日内制作道路交通事故认定书。交通肇事逃逸案件在查获交通肇事车辆和驾驶人后十日内制作道路交通事故认定书。对需要进行检验、鉴定的，应当在检验、鉴定结论确定之日起五日内制作道路交通事故认定书。”第51条规定：“当事人对道路交通事故认定有异议的，可以自道路交通事故认定书送达之日起三日内，向上一级公安机关交通管理部门提出书面复核申请。复核申请应当载明复核请求及其理由和主要证据。”

由上述规定可以看出，交通事故认定书主要是根据各方当事人的违章情况、事故的成因等由交警从专业的角度对事故进行认定的一种法律文书，该文书是公安机关认定事故当事人是否构成交通肇事罪和人民法院处理交通事故人身损害赔偿的主要依据。当事人对交通事故认定书不服的，可以采取下列两种方法救济：

（1）向上一级公安机关交通管理部门书面申请复核。这种复核不适用简易程序处理的道路交通事故和车辆在道路以外通行时发生的事故，而且须任何一方当事人未向人民法院提起民事诉讼。

（2）诉讼中，如果当事人对事故认定书不服，有权依法对该交通事故认定书作为证据的效力提出异议。因为该事故认定可以作为任何一方当事人的证据，其在民事诉讼中同其他证据一样，要经过质证等程序才能确定其证据效力。

可见，对交通事故认定书不服，只能向上一级公安机关交通管理部门书面申请复核或者在诉讼阶段对责任认定书的效力提出异议，而不能针对该事故认定书提起行政诉讼。

22. 机动车之间发生交通事故，当事人双方应如何承担责任？

根据《道路交通安全法》第76条的规定，机动车之间发生交通事故的归责原则是过错责任原则，即根据机动车之间有无过错、存在多大程度的过错来确定机动车的责任。具体规则如下：

（1）由保险公司在机动车第三者责任强制保险责任限额内承担无过错责任。机动车第三者责任强制保险是解决道路交通事故赔偿问题的重要制度。机动车之间发生交通事故，如果肇事车辆参加了第三者责任强制保险，保险公司就应当在机动车第三者责任强制保险责任限额范围内予以赔偿，不足的部分才由机动车一方承担赔偿责任。

（2）对于超过机动车第三者责任保险限额的赔偿部分，一般应按照下列方式承担赔偿责任：机动车之间发生交通事故的，由有过错的一方承担赔偿责任；双方都有过错的，按照各自过错的比例分担责任。这是因为机动车之间没有强弱之分，发生交通事故的，应当适用侵权责任的一般归责原则，由有过错的一方承担赔偿责任；如果双方都有过错的，应当按照各自过错的比例分担责任。除经过质证认定不能作为证据使用的情形以外，一般可根据公安机关交通管理部门的交通事故责任认定来确定交通事故当事人的赔偿责任。

23. 车辆被盗发生交通事故造成损害，赔偿责任应如何承担？

盗抢人由于不是车辆的拥有者，自认为轻易可以逃脱法律的制裁，因此，常发生不遵守交通法规、任意违章甚至漠视他人生命财产安全的情况。

《侵权责任法》第52条规定：“盗窃、抢劫或者抢夺的机动车发生交通事故造成损害的，由盗窃人、抢劫人或者抢夺人承担赔偿责任。保险公司在机动车强制保险责任限额范围内垫付抢救费用的，有权向交通事故责任人追偿。”从该条规定可以看出，盗窃、抢劫或者抢夺的机动车发生交通事故造成损害的，由盗窃人、抢劫人或者抢夺人承担赔偿责任，没有规定机动车所有人的赔偿责任。《最高人民法院关于被盗机动车肇事后由谁承担损害赔偿责任问题的批复》中也明确规定："使用盗窃的机动车肇事，造成被害人物质损失的，肇事人应当依法承担损害赔偿责任，被盗机动车的所有人不承担赔偿责任。"法律在对机动车盗抢人处以刑罚惩治的同时规定其民事责任，有利于保护受害人的权益，制裁此类侵权行为。

《机动车交通事故责任强制保险条例》第22条规定，被保险机动车被盗抢期间肇事的，由保险公司在机动车交通事故责任强制保险责任限额范围内垫付抢救费用，并有权向致害人追偿。参照这一规定，《侵权责任法》第52条也作出了保险公司在垫付了抢救费用后，有权向交通事故责任人追偿的规定。

24. 交通事故中的财产损失是否包括被损车辆停运期间的损失？

《民法通则》第117条第2款、第3款规定："损坏国家的、集体的财产或者他人财产的，应当恢复原状或者折价赔偿。""受害人因此遭受其他重大损失的，侵害人并应当赔偿损失。"交通事故发生后，除了人身伤亡、车辆损毁等后果需要责任人赔偿之外，在车辆修复期间也会涉及车辆的经营损失问题，即车辆的停运损失费，就是说在道路交通事故中发生车辆的损害，如果受害人是以被损车辆用于货物运输或者旅客运输经营活动，则在被损车辆修复期间，受害人因无法进行正常的货物运输或者旅客运输经营而造成经济收入的减少或停运损失。

《最高人民法院关于道路交通事故中的财产损失是否包括被损车辆停运损失问题的批复》规定："在交通事故损害赔偿案件中，如果受害人以被损车辆正用于货物运输或者旅客运输经营活动，要求赔偿被损车辆修复期间的停运损失的，交通事故责任者应当予以赔偿。"因此，交通事故受害人就其所遭受的间接损失，即车辆停运损失，也有权要求事故责任人予以赔偿。根据直接财产损失赔偿的规定，这一赔偿也应当以车辆停运期间实际发生的损失为限。其计算方法与直接财产损失的计算方法相同。

25. 交通事故纠纷中受害人应当收集的证据有哪些?

在交通事故人身损害赔偿诉讼中，最为重要的就是证据的收集了。“打官司就是打证据”，证据的多少与强弱直接决定了诉讼的成败。在交通事故纠纷中，受害人或者赔偿权利人应当注意收集下列证据：

(1) 抢救费用和医院的医疗费证据：①抢救医院和县级以上医院的抢救费用和医院的医疗费单据；②医院治疗诊断证明书、病历、转院治疗证明以及法医鉴定书；③医疗终结后，需要继续治疗的费用，应当有治疗医院的继续治疗意见或法医鉴定意见；④自购药费单据，应当附上治疗医院的处方。

(2) 误工费的相关证据：①治疗医院出具的住院治疗与休治时间或法医鉴定确定的休治时间，但评定伤残等级的，评定伤残之日前为误工日期；②当事人有固定收入的，由单位出具因为交通事故误工减少收入的证明；③无固定收入的，交通事故发生前从事某种劳动，如个体户、保姆等工作的，应当有街道办事处或者乡镇人民政府的证明；④当事人还应当提供户籍证明、身份证明等项证明。

(3) 护理费的相关证据：①医院同意护理人员及护理人数的证明；②公安交通管理部门使用护理人员的意见；③护理人员的收入证明，有固定收入的，按照误工费的赔偿方法计算；无固定收入的，按照事故发生地平均生活费标准予以赔偿。

(4) 残疾者生活补助费的相关证据：①道路交通事故伤残评定书或道路交通事故伤残重新评定书；②身份证和户籍证明；③交通事故发生地平均生活费标准的证明。

(5) 被扶养人生活费的相关证据：①丧失劳动能力的证明；

②被扶养人户籍证明和身份证明；③在校学生学校出具的证明；④街道或乡（镇）政府及派出所出具的扶养关系的证明。

（6）财产直接损失的相关证据：①车辆损坏的评估单，修理施工单及发票；②财物损失清单；③牲畜因伤失去使用价值或死亡，物价部门的评估单；④不便提交的大宗物品，易烂霉变和不易保管的物品，应有原物的照片、估价证明及鉴定结论。

（7）间接损失费相关证据：①每天营运收入的证明；②机动车行驶证；③停运时间的证明，主要是修复出厂的证明；④行驶线路等证明。

（8）提起诉讼的相关证据：①道路交通事故责任认定书；②道路交通事故损害赔偿责任调解书或调解终结书或不能确认道路交通事故责任通知书；③根据诉讼请求事项提供相关证据。

26. 铁路运输事故导致旅客死亡如何进行赔偿？

1999年4月15日，长沙铁路衡阳运输法院受理了一起因铁路运输事故导致旅客死亡的赔偿诉讼。原告刘某，被告为洛阳铁路分局洛阳列车段。案情是原告刘某之子刘亿（化名）从洛阳站乘坐522次（洛阳至广州）旅客列车去广州打工途中突然死亡，由于被告不能拿出死亡原因的有效证明，原告认为被告对刘亿的死亡负有责任，因此要求法院判令被告给付保险金、赔偿金和丧葬处理费。被告洛阳列车段辩称，原告之子系跳车而亡，死亡是由其自身原因造成的，因此其不应承担任何责任。法院审理后认为，根据《铁路法》第58条第1款的规定："因铁路行车事故及其他铁路运营事故造成人身伤亡的，铁路运输企业应当承担赔偿责任；如果人身伤亡是因不可抗力或者由于受害人自身的原因造成的，铁路运输企业不承担赔偿责任。"由于被告不能拿出有效证据以证明死者确系跳车而亡，因此只能推定其坠车死亡。依照《铁路法》第58条第1款的规定，认定被告应承担赔偿责任。

根据《铁路法》、《铁路交通事故应急救援和调查处理条例》、《最高人民法院关于审理铁路运输人身损害赔偿纠纷案件适用法律若干问题的解释》的规定，铁路旅客运输中侵犯生命权的赔偿限于“因铁路行车事故及其他铁路运营事故造成的人身伤亡，包括旅客伤亡和路外伤亡”。具体内容包括：

（1）人身伤亡的赔偿范围。

因铁路行车事故及其他铁路运营事故造成人身伤亡的，铁路运输企业应当承担赔偿责任；如果人身伤亡是因不可抗力或者由于受害人自身的原因造成的，铁路运输企业不承担赔偿责任。如果铁路运输企业能够证明人身伤亡是由受害人自身的原因造成的，不应再责令铁路企业承担赔偿责任。《铁路法》第58条第2款列举了免责情况：违章通过平交道口或者人行过道，或者在铁路线路上行走、坐卧造成的人身伤亡，属于受害人自身的原因造成的人身伤亡。

人身伤亡的赔偿责任范围适用《民法通则》第119条的规定，即侵害公民身体造成伤害的，应当赔偿医疗费、因误工减少的收入、残废者生活补助费等费用；造成死亡的，并应当支付丧葬费、死者生前扶养的人必要的生活费等费用。2007年9月1日起施行的《铁路交通事故应急救援和调查处理条例》第33条规定，事故造成铁路旅客人身伤亡和自带行李损失的，铁路运输企业对每名铁路旅客人身伤亡的赔偿责任限额为人民币15万元，对每名铁路旅客自带行李损失的赔偿责任限额为人民币2000元。铁路运输企业可以和铁路旅客书面约定高于上述规定的赔偿限额。向外国国籍旅客、华侨和港澳台胞旅客给付的赔偿金，可以兑换成该外国或者地区的货币，其汇率按照赔偿金给付之日的中华人民共和国外汇指定银行的挂牌汇率确定。

（2）铁路旅客运送责任期间。

铁路运输企业对旅客运送的责任期间，从旅客持有效车票进站时起到旅客出站或应当出站时止，不包括旅客在候车室内的期间。

旅客必须是持有效乘车凭证乘车的人员以及按照国务院铁路主管部门有关规定免费乘车的儿童。

经铁路运输企业同意，根据铁路货物运输合同，随车护送货物的人，视为旅客。

27. 铁路旅客人身伤亡的损害赔偿和保险金之间是什么关系？

依照《铁路交通事故应急救援和调查处理条例》第33条和《铁路旅客人身伤害及自带行李损失事故处理办法》第38条的规定，对每名旅客人身伤亡的赔偿责任限额为人民币15万元，自带行李损失的赔偿责任限额为人民币2000元。《铁路交通事故应急救援和调查处理条例》第35条规定："除本条例第三十三条、第三十四条的规定外，事故造成其他人身伤亡或者财产损失的，依照国家有关法律、行政法规的规定赔偿。"因此，因铁路事故致使旅客伤亡，受害人在请求赔偿的同时，还有权请求给付保险金。

保险金数额确定的依据是1992年6月5日修改的《铁路旅客意外伤害强制保险条例》第5条的规定，旅客之保险金额，不论座席等次、全票、半票、免票，一律规定为每人人民币两万元。该条例第8条规定，死亡者，给付保险金额全数。《铁路旅客意外伤害强制保险办理手续》第4条第3项规定，旅客由铁路代为棺殓埋葬者，其费用由保险公司或其代理机构在给付该旅客保险金额内如数扣除。

2011年7月23日发生甬温铁路火车追尾事故后，通过媒体的报道，许多人才知道平常买的火车票票价里其实包含了旅客意外伤害强制保险金额，即基本票价的2%为保险费。这个标准是

1951年制定、1992年修改的《铁路旅客意外伤害强制保险条例》规定的，许多人质疑该条例规定内容的合法性，因为其内容违反了保险合同订立的自愿性原则，铁路部门和民航、公路运输部门一样，没有权力强制旅客订立保险合同。此外，该条例在效力等级、现实可行性方面也存在缺陷。因此，可以说该条例面临着修改或者废止的命运，铁路部门最终以《侵权责任法》作为甬温铁路火车追尾事故的赔偿依据即为一证。甬温铁路火车追尾事故的赔偿救助金主要包括死亡赔偿金、丧葬费及精神抚慰费和一次性救助金（含被扶养人生活费等），合计赔偿救助金额91.5万元，放弃以《铁路交通事故应急救援和调查处理条例》和该条例作为赔偿依据，充分说明该条例已经名存实亡。铁路部门如需转移赔偿责任，可以投保由商业保险公司开发的铁路承运人责任保险。至于旅客意外伤害保险，应由乘客自主决定是否向保险公司投保，而非强制向铁路部门投保。

28. 发生铁路旅客伤亡事故时由谁进行处理？

根据《铁路旅客人身伤害及自带行李损失事故处理办法》的规定，发生旅客人身伤害事故，应当成立事故处理工作组。事故处理工作组由以下单位和人员组成：

（1）事故处理站（车务段）或其上级主管部门；

（2）事故责任单位或发生单位及其上级主管部门；

（3）事故处理站公安派出所；

（4）与事故处理有关的单位或人员。

事故处理工作组组长一般情况下由事故处理站（车务段）的站长（段长）担任；发生重大伤亡事故时，事故发生地所在铁路分局的分局长为组长；发生特大和特别重大伤亡事故时，事故发生地所在铁路局局长为组长。事故发生后，应当及时召开事故调查分析会。铁路分局应派员参加重大伤亡事故调查分析会；

铁路局应派员参加特大、特别重大事故调查分析会。应由政府安全监督管理部门调查处理的旅客人身伤害事故，按照国家有关规定办理。由于对死亡原因的认定对于事故的处理极为关键，所以必须有公安机关的参与。

29. 国内航空运输侵犯生命权应当如何赔偿？

飞机作为一种运输工具得到了很快的普及，对于航空运输侵犯生命权应当如何赔偿我们也作一下简单的介绍。根据《国内航空运输旅客身体损害赔偿暂行规定》，国内航空运输中侵犯生命权进行赔偿时，应当注意以下几个方面的问题：

首先，对于旅客在航空器或上下航空器过程中死亡或者受伤，承运人应当承担赔偿责任。如果承运人能够证明旅客死亡或受伤是不可抗力或旅客本人健康状况造成的，不承担赔偿责任。如果承运人能够证明旅客死亡或受伤是由旅客本人的过失或故意行为造成的，可以减轻或者免除其赔偿责任。

其次，承运人对旅客的赔偿责任是有限的，对每名旅客的最高赔偿金额为人民币 7 万元。向外国人、华侨、港澳同胞和台湾同胞给付的赔偿金，可以兑换成该外国或地区的货币，其汇率按赔偿给付之日中华人民共和国国家外汇管理部门公布的外汇牌价确定。

最后，旅客可以自行决定向保险公司投保航空运输人身意外伤害险，投保金额由旅客自己决定。此项保险金额的给付，不得免除或减少承运人应当承担的赔偿金额。

30. 交通肇事罪致人死亡与故意杀人罪致人死亡应当如何界定？

交通肇事罪虽然可能会造成致人死亡的后果发生，但是其与故意杀人致人死亡是完全不同的两个行为。交通肇事罪主观上为过失，即对于致人死亡的结果行为人在主观上是不希望发生的，但是对于违反交通规则，行为人则可能是故意的。而故意杀人罪主观上为故意，即行为人希望发生致人死亡的结果。这是两罪之间最重要的区别所在。

根据有关司法解释，行为人在交通肇事后为逃避法律追究，将被害人带离事故现场后隐藏或者遗弃，致使被害人无法得到救助而死亡的，应当以故意杀人罪或者故意伤害罪定罪处罚。如果行为人利用汽车等交通工具杀害特定的人，是故意杀人罪；如果行为人利用汽车等交通工具在街道上横冲直撞，造成不特定多人的人身伤亡或财产损失，则构成以其他危险方法危害公共安全罪。

31. 发生医疗纠纷时，由谁举证证明医疗过失行为与损害结果之间存在因果关系？

医疗侵权责任的一项重要构成要件，就是医疗机构及其医务人员的医疗过失行为与患者的人身损害之间具有因果关系。如果医疗过失行为与患者之间的损害不具有因果关系，则医疗机构及其医务人员无须承担侵权责任。关于医疗事故侵权诉讼中，应当由谁举证证明医疗过失行为与损害结果之间存在因果关系的问题，《最高人民法院关于民事诉讼证据的若干规定》第4条第（八）项规定：“因医疗行为引起的侵权诉讼，由医疗机构就医疗行为与损害结果之间不存在因果关系及不存在医疗过错承担举证责任。”这就是说，在因果关系的证明上采取推定的方式，由作为被告的医疗机构来证明因果关系的不存在，如果不能证明，就推定存在因果关系。司法解释作如此规定的理由在于：医疗纠纷具有高度的复杂性与专业性，且相关证据材料如病例、化验单、检验单等均保存在医疗机构手中，受害人无论从专业知识上还是在证据的收集上都存在很大的障碍，而采取因果关系推定的方式可以有效地维护受害人的合法权益。

但是，这样并不意味着受害人在因果关系的问题上不存在任何举证责任。受害人及其他赔偿权利人必须证明以下几点：(1)受害人曾在作为被告的医疗机构接受过医疗。(2)受害人存在具体的损害结果。对于上述事项的证明，受害人及其他赔偿权利人应当提供的证据是交费、挂号等诊断手续及病历、出院证明等，如果不能提供上述证据，但有其他证据能证明有医疗行为存在的，也应该认定其与医疗机构之间存在医疗关系。

32. 认为医院的诊疗使自己受到伤害的，由谁证明医院的治疗行为存在过失？

民事诉讼中一般的举证责任原则是“谁主张，谁举证”，即当事人对自己提出的诉讼请求所依据的事实或者反驳对方诉讼请求所依据的事实有责任提供证据加以证明，没有证据或者证据不足以证明当事人的事实主张的，由负有举证责任的当事人承担不利后果。

《最高人民法院关于民事诉讼证据的若干规定》第4条第(八)项规定，因医疗行为引起的侵权诉讼，由医疗机构就不存在医疗过错承担举证责任。这就意味着，一旦发生医疗侵权诉讼，医疗机构必须证明自己没有医疗过错，如不能证明就很有可能要承担侵权赔偿责任。但根据《侵权责任法》第54条“患者在诊疗活动中受到损害，医疗机构及其医务人员有过错的，由医疗机构承担赔偿责任”的规定，可以看出该法对诊疗活动引起的纠纷，适用的是过错责任原则，也就是说，医疗机构及其医务人员有过错的，医疗机构才承担赔偿责任，原则上由原告承担医疗行为存在过错的举证责任。此外，根据《侵权责任法》第57条的规定，受损害人也可以举证证明医务人员在诊疗活动中未尽到与当时的医疗水平相应的诊疗义务，造成患者损害，对此，医疗机构也应当承担赔偿责任。

不过，根据《侵权行为法》第 58 条的规定，在下列情形下造成患者损害的，推定医疗机构有过错，适用过错推定责任原则，发生举证责任倒置：（1）违反法律、行政法规、规章以及其他有关诊疗规范的规定；（2）隐匿或者拒绝提供与纠纷有关的病历资料；（3）伪造、篡改或者销毁病历资料。

此外，根据《侵权责任法》第 60 条的规定，患者有损害，因下列情形之一的，医疗机构不承担赔偿责任：（1）患者或者其近亲属不配合医疗机构进行符合诊疗规范的诊疗；（2）医务人员在抢救生命垂危的患者等紧急情况下已经尽到合理诊疗义务；（3）限于当时的医疗水平难以诊疗。第（1）项情形中，医疗机构及其医务人员也有过错的，应当承担相应的赔偿责任。

33. 如何认定医疗机构及其医务人员存在医疗过失？

《侵权责任法》第 57 条规定："医务人员在诊疗活动中未尽到与当时的医疗水平相应的诊疗义务，造成患者损害的，医疗机构应当承担赔偿责任。"这一条是关于诊疗活动中医务人员存在过错的标准的规定，即将"尽到与当时的医疗水平相应的诊疗义务"作为判断医务人员是否存在过错的标准。但该条的规定比较笼统，因为医务人员不同于普通的个人，他们在法律上称为专家，正是这种专家身份决定了医务人员在法律上的注意义务有着特殊之处，因此，应结合以下标准来判断医务人员是否存在过失：

（1）以是否违反医疗卫生管理法律、行政法规、部门规章和诊疗护理规范、常规作为判断标准。所谓的"医疗卫生管理法律、行政法规、部门规章"，是指由全国人大及其常委会、国务院以及国务院部委、局发布的规范性法律文件。如执业医师法、传染病防治法及其实施办法、母婴保健法及其实施办法、献血法、职业病防治法、药品管理法、精神药品管理法、麻醉药品管理办法、血液制品管理条例、医疗机构管理条例等。所谓“诊疗护理规范、常规”，是指基于维护公民健康权利的原则，在总结以往科学和技术成果的基础上对医疗过程的定义和所应用技术的规范或者指南。其既包括卫生行政部门以及全国性行业协会制定的各种标准、规范、制度等，也包括医疗机构制定的本医疗机构医务人员进行医疗、护理、检验、诊断治疗及医用物品供应等各项工作应遵循的工作方法、步骤。

（2）以医务人员是否尽到合理的技能和注意义务同时辅之以地理范围的差异作为判断标准。医疗活动范围很广，并非所有的领域都有医疗卫生管理法律、行政法规、部门规章和诊疗护理规范、常规。因此，在没有这一判断标准时，应以医务人员是否尽到合理的技能和注意义务同时辅之以地理范围的差异为判断标准。

（3）以是否尽到必要的告知、说明义务作为标准加以判断。应当说，任何医疗活动都存在一定的风险，医疗效果也并非能完全符合预想的要求，因此，在医疗机构及其医务人员从事医疗活动时，必须切实履行必要的告知、说明义务并取得患者及其近亲属的同意。否则，医疗机构及其医务人员就需要对此种风险现实化的损害后果承担赔偿责任。《侵权责任法》第55条规定：“医务人员在诊疗活动中应当向患者说明病情和医疗措施。需要实施手术、特殊检查、特殊治疗的，医务人员应当及时向患者说明医疗风险、替代医疗方案等情况，并取得其书面同意；不宜向患者说明的，应当向患者的近亲属说明，并取得其书面同意。医务人员未尽到前款义务，造成患者损害的，医疗机构应当承担赔偿责任。”我国《执业医师法》第26条规定：“医师应当如实向患者或者其家属介绍病情，但应注意避免对患者产生不利后果。医师进行实验性临床医疗，应当经医院批准并征得患者本人或者其家属同意。”

（4）以是否涂改、伪造、隐匿、销毁病历资料为判断标准。

《医疗事故处理条例》第8条规定："医疗机构应当按照国务院卫生行政部门规定的要求，书写并妥善保管病历资料。因抢救急危患者，未能及时书写病历的，有关医务人员应当在抢救结束后6小时内据实补记，并加以注明。"第9条规定："严禁涂改、伪造、隐匿、销毁或者抢夺病历资料。"《侵权责任法》第58条规定："患者有损害，因下列情形之一的，推定医疗机构有过错：（一）违反法律、行政法规、规章以及其他有关诊疗规范的规定；（二）隐匿或者拒绝提供与纠纷有关的病历资料；（三）伪造、篡改或者销毁病历资料。"

34. 只有医疗事故才能获得赔偿吗？

赵某因胃部疼痛而去市医院检查，经拍X射线片，被告知病情严重，随即医院让其住院诊治。住院后，赵某由医师王某负责主治。王某说要化疗。一个月后，化疗的强烈反应导致赵某严重脱发。后赵某经自己当医生的朋友仔细检查，多次确认没有大病，无须做化疗。赵某要求市医院赔偿其住院期间的费用和精神损失费，但经医疗事故技术鉴定委员会鉴定，市医院不构成医疗事故，遂拒绝赔偿。

本案中，医院的做法是错误的。人们通常认为，只有当自己或者亲人在医疗事故技术鉴定委员会鉴定为医疗事故后，才有权要求医院赔偿，其实不然。在法律上，只要患者能证明医院在整个医疗过程中存在过错（包括过失和故意），就能要求医院承担民事赔偿责任，而不一定要达到医疗事故（包括医疗技术事故和责任事故）的责任程度。我国《民法通则》第106条第2款规定："公民、法人由于过错侵害国家的、集体的财产，侵害他人财产、人身的，应当承担民事责任。"第134条规定，承担民事责任的方式包括停止侵害、返还财产、赔礼道歉、赔偿损失等。就赵某的情况看，市医院的错误诊治虽未给其造成残疾和功能障碍，不构成医疗事故，但在整个事件中医院存在明显的过错。这种错误的诊断和治疗，不仅侵害了赵某的身体健康，而且使其经济上蒙受损失，精神上受到打击和折磨。依照《民法通则》第106条第2款的规定，市医院应当承担民事责任，赔偿赵某住院期间的费用和必要的精神损害费。

35. 医院应当如何承担医疗事故责任？

对于医疗事故纠纷，如果经鉴定确认为医疗事故，医院应承担赔偿责任。《医疗事故处理条例》对此有具体规定。

第2条规定："本条例所称医疗事故，是指医疗机构及其医务人员在医疗活动中，违反医疗卫生管理法律、行政法规、部门规章和诊疗护理规范、常规，过失造成患者人身损害的事故。"

第20条规定："卫生行政部门接到医疗机构关于重大医疗过失行为的报告或者医疗事故争议当事人要求处理医疗事故争议的申请后，对需要进行医疗事故技术鉴定的，应当交由负责医疗事故技术鉴定工作的医学会组织鉴定；医患双方协商解决医疗事故争议，需要进行医疗事故技术鉴定的，由双方当事人共同委托负责医疗事故技术鉴定工作的医学会组织鉴定。"

第46条规定："发生医疗事故的赔偿等民事责任争议，医患双方可以协商解决；不愿意协商或者协商不成的，当事人可以向卫生行政部门提出调解申请，也可以直接向人民法院提起民事诉讼。"

第49条规定："医疗事故赔偿，应当考虑下列因素，确定具体赔偿数额：

（一）医疗事故等级；

（二）医疗过失行为在医疗事故损害后果中的责任程度；

（三）医疗事故损害后果与患者原有疾病状况之间的关系。

不属于医疗事故的，医疗机构不承担赔偿责任。"

第 50 条规定："医疗事故赔偿，按照下列项目和标准计算：

（一）医疗费：按照医疗事故对患者造成的人身损害进行治疗所发生的医疗费用计算，凭据支付，但不包括原发病医疗费用。结案后确实需要继续治疗的，按照基本医疗费用支付。

（二）误工费：患者有固定收入的，按照本人因误工减少的固定收入计算，对收入高于医疗事故发生地上一年度职工年平均工资 3 倍以上的，按照 3 倍计算；无固定收入的，按照医疗事故发生地上一年度职工年平均工资计算。

（三）住院伙食补助费：按照医疗事故发生地国家机关一般工作人员的出差伙食补助标准计算。

（四）陪护费：患者住院期间需要专人陪护的，按照医疗事故发生地上一年度职工年平均工资计算。

（五）残疾生活补助费：根据伤残等级，按照医疗事故发生地居民年平均生活费计算，自定残之月起最长赔偿 30 年；但是，60 周岁以上的，不超过 15 年；70 周岁以上的，不超过 5 年。

（六）残疾用具费：因残疾需要配置补偿功能器具的，凭医疗机构证明，按照普及型器具的费用计算。

（七）丧葬费：按照医疗事故发生地规定的丧葬费补助标准计算。

（八）被扶养人生活费：以死者生前或者残疾者丧失劳动能力前实际扶养且没有劳动能力的人为限，按照其户籍所在地或者居所地居民最低生活保障标准计算。对不满 16 周岁的，扶养到 16 周岁。对年满 16 周岁但无劳动能力的，扶养 20 年；但是，60 周岁以上的，不超过 15 年；70 周岁以上的，不超过 5 年。

（九）交通费：按照患者实际必需的交通费用计算，凭据支付。

（十）住宿费：按照医疗事故发生地国家机关一般工作人员的出差住宿补助标准计算，凭据支付。

（十一）精神损害抚慰金：按照医疗事故发生地居民年平均

生活费计算。造成患者死亡的，赔偿年限最长不超过6年；造成患者残疾的，赔偿年限最长不超过3年。”

36. 非法行医应当承担什么法律责任？

由于行医是关系到人民生命健康的特殊职业，国家在这方面的管理制度是较为严格的。对于行医者的资格，要求经过正规的专业教育和严格的职业培训，以保证服务质量，保障人民生命财产安全；对于行医活动，制定了一整套管理工作规范及制度，以促进医疗卫生事业健康发展。尽管如此，由于种种原因，我国行医者管理工作仍面临着许多有待解决的问题。

（1）非法行医的行政责任。为了加强对医疗机构的管理，促进医疗卫生事业的发展，保障人民健康，国务院于1994年发布了《医疗机构管理条例》。该条例第24条规定：“任何单位或者个人，未取得《医疗机构执业许可证》，不得开展诊疗活动。”第44条还规定：“违反本条例第二十四条规定，未取得《医疗机构执业许可证》擅自执业的，由县级以上人民政府卫生行政部门责令停业活动，没收非法所得和药品、器械，并可以根据情节处以1万元以下的罚款。”此外，卫生部发布的有关行政规章，如《医师、中医师个体开业暂行管理办法》，其中也规定了取缔、打击非法行医的财产处罚方法，即没收非法收入和药品、器械，可并处罚款。

（2）非法行医造成损害的民事责任。由于非法行医的主体一方不符合医疗纠纷的特征要求，由此造成的人身损害事件，不属于医疗纠纷，更不构成医疗事故。就民事责任而言，不能依照《医疗事故处理条例》承担补偿责任，而应适用《民法通则》关于人身侵权损害赔偿的有关规定，承担赔偿责任。

在我国民法理论上，侵权行为造成他人人身损害的赔偿数额，以人身伤害引起的财产损失为标准，实际损失多少财产就赔偿多少。赔偿范围的法律依据是《民法通则》第119条。主要项目有：医疗费、交通和住宿费、死者的丧葬费、残疾者的生活补助、受害人的误工工资、护理人员误工补助费、死者生前或残疾者致残前扶养人的生活费和其他必要的支出。

此外，有学者认为，非法行医损害赔偿案件，除必须承担财产赔偿责任外，还应给予必要的民事制裁措施。其法律依据是《民法通则》第134条，即"人民法院审理民事案件，除适用上述规定外，还可以予以训诫、责令具结悔过、收缴进行非法活动的财物和非法所得，并可以依照法律规定处以罚款、拘留。"其理论根据是，医疗活动就医患双方提供和接受医疗服务的角度而言，是平等主体之间的民事活动。诚实信用和遵守法律法规、社会公德，是民事活动的基本原则。为牟取财物而无照行医、非法刊登药品广告、销售使用假药、聘用不合格的医务人员等，最终导致病人健康严重受损。这类行为，违背了民事活动的诚信原则和合法原则，是民事违法活动的典型表现，所以对非法行医理应采取相应的民事制裁措施。

（3）非法行医的刑事责任。非法行医者不仅无视国家法律，不经卫生行政管理部门批准，而且医疗技术水平低下，甚至根本不懂得医学，往往给病人造成较为严重的损害，甚至危及生命，因此需要承担相应的刑事责任。

由于非法行医与医疗纠纷的性质不同，承担刑事责任的范围和条件也有很大差别。从本质上讲，非法行医与其他普通伤害是相同的，但从犯罪的主观方面来分析，非法行医无论手段如何恶劣，仍然属于过失犯罪。即非法行医者对发生的伤害结果应该预见，因轻信能够避免，以致发生了这种结果，非法行医者对伤害结果的发生不是持希望或放任的态度，而是持不定的态度。值得注意的是，有的非法行医者，不是靠诊疗营利，而是打着诊疗的旗号，或直接骗取钱财，或兜售伪劣"药品"，或在病人身上实施明知有毒或有害的措施，此时已不属于单纯的非法行医，应按故意犯罪追究相应的刑事责任。

根据非法行医给病人造成的损害程度，行为人应分别承担过失重伤罪和过失杀人罪的刑事责任。过失重伤罪，要求致人伤害的程度必须达到重伤。过失致人轻伤的，因对社会危害不大，不构成犯罪。

《刑法》第 336 条规定了非法行医罪的构成及刑事责任："未取得医生执业资格的人非法行医，情节严重的，处三年以下有期徒刑、拘役或者管制，并处或者单处罚金；严重损害就诊人身体健康的，处三年以上十年以下有期徒刑，并处罚金；造成就诊人死亡的，处十年以上有期徒刑，并处罚金。""未取得医生执业资格的人擅自为他人进行节育复通手术、假节育手术、终止妊娠手术或者摘取宫内节育器，情节严重的，处三年以下有期徒刑、拘役或者管制，并处或者单处罚金；严重损害就诊人身体健康的，处三年以上十年以下有期徒刑，并处罚金；造成就诊人死亡的，处十年以上有期徒刑，并处罚金。"

三、特殊侵权行为类型及责任承担

（一）动物致人损害责任

1. 遭动物袭击而伤亡的赔偿责任由谁承担？

儿童肖某8岁，和父亲外出后回到所居住的小区，在楼下父亲碰到一位正在遛狗的邻居，其父遂站在楼下与邻居聊天，站在一旁的肖某突然被该邻居的小狗咬了一口，由于是夏天，衣着单薄，创口很深，父亲立即带其去医院治疗，花去治疗费数千元。但不久后，肖某还是因伤势过重而身亡，其父母悲痛欲绝，遂将该邻居起诉到法院，要求赔偿。

实际生活中，像这样动物伤人的事情经常可以看到。对于有主人的动物伤人事件，《侵权责任法》第78条规定："饲养的动物造成他人损害的，动物饲养人或者管理人应当承担侵权责任，但能够证明损害是因被侵权人故意或者重大过失造成的，可以不承担或者减轻责任。"可见，对于动物致人损害的责任如何承担主要有以下四种情况：

（1）由于动物的主人管理不善致使发生动物伤人的情况。如动物园的猴子由于管理不好而抓伤人，拉车的马受到惊吓踏伤、踏死行人等。这种情况下由于受害人没有过错，根据《侵权责任法》第79条的规定，"违反管理规定，未对动物采取安全措施造成他人损害的，动物饲养人或者管理人应当承担侵权责任"，所以赔偿责任应当由动物的饲养人或管理人承担责任。上述案件中，肖某的邻居由于自己的管理不善而致使动物伤人，应当承担全部的赔偿责任。如果饲养人和管理人为不同的人，管理动物的义务由饲养人转移给管理人，这时的责任主体应为管理人。

(2) 由于受害人挑逗动物致动物伤人的，或者有其他过错行为使自己受到伤害的。比如，游客向猴子扔矿泉水瓶，猴子发怒而将游客抓伤；农民的马拴在门外的树桩上，受害者无端拿棍子打马而致自己被踢伤等。这些受害行为都是受害人的过错所致，动物饲养人或者管理人可以不承担或者减轻责任。

(3) 因第三人的过错行为导致动物对人的伤害的。比如，某农民知道自己家的大公鸡有啄人的习惯，于是就用铁链子拴在家里，不让其出去。该农民有一邻居与大公鸡较熟悉，就解开铁链子带公鸡出去玩，结果公鸡把一个小孩的手啄伤，花去医疗费300元。此案中，农民和小孩都无过错。《侵权责任法》第83条规定："因第三人的过错致使动物造成他人损害的，被侵权人可以向动物饲养人或者管理人请求赔偿，也可以向第三人请求赔偿。动物饲养人或者管理人赔偿后，有权向第三人追偿。"因此，受害人可以向大公鸡的主人请求赔偿，也可以向有过错的邻居请求赔偿，最终的医疗费只能由该邻居承担。

(4) 混合过错的情况下，由受害人和动物的饲养人或管理人各承担一部分责任。如动物园管理不善让猴子跑出去，行人对猴子挑逗而使自己受到伤害，这时动物园和受害人各负部分责任。

(5) 对于饲养人违反相关规定饲养了禁止饲养的烈性犬等危险动物，造成他人损害的，动物饲养人或者管理人应当承担侵权责任，不论其是否存在过错。

2. 动物园的动物致人损害的责任由谁承担？

《侵权责任法》第81条规定："动物园的动物造成他人损害

的，动物园应当承担侵权责任，但能够证明尽到管理职责的，不承担责任。”可见，对于动物园的动物伤人事件，如果动物园能够证明兽舍设施、设备没有瑕疵，设有明显的警示牌，管理人员对游客挑逗、投打动物或者擅自翻越栏杆靠近动物等行为进行了劝阻，尽到了管理人的职责，那么动物园就可以不承担侵权责任。

3. 迷失动物、遗弃动物致人损害的赔偿责任由谁承担？

无论是迷失动物还是遗弃动物，都是原动物的饲养人或者管理人放弃对该动物的占有和控制造成的。从法律上来讲，动物饲养人或管理人可以放弃自己饲养动物的权利，但是对于义务则不能放弃。因此，对于由动物饲养人或者管理人遗弃动物或者不尽管理职责造成的迷失动物、遗弃动物致人损害的赔偿责任，应当由原动物饲养人或者管理人承担。

4. 饲养的动物致人损害赔偿诉讼中，被侵权人需要承担哪些举证责任？

根据《侵权责任法》的规定，我国对动物致人损害的赔偿责任采取的是无过错责任原则。因此，在饲养的动物致人损害赔偿诉讼中，被侵权人需要举证证明以下事实：（1）被侵权人受到动物侵害的事实；（2）被侵权人遭受的损害后果；（3）损害后果与动物侵害行为之间存在因果关系。被侵权人只有在证明以上事实后才能获得赔偿。而对于动物饲养人或管理人的主观过错，由于采取无过错责任原则，被侵权人无须证明，也不允许动物的饲养人或管理人证明自己没有过错而免责。

在司法实践中，被侵权人证明上述事实时应当注意：（1）被侵权人在证明发生动物侵害时，应当完成两个方面事实的举证责任：一是发生动物侵害的事实；二是该动物属于被告饲养或管理。（2）被侵权人对加害行为、损害结果以及因果关系三个要件事实中，任何一个要件事实不能完成举证责任的，将不能获得赔偿。（3）此类案件虽采取无过错责任原则，但是被告可证明具有法定的免责事由来免除自己的赔偿责任，即损害是由被侵权人的主观过错所致或损害是由第三人主观过错所致。

（二）产品责任

1. 产品质量不合格致人死亡的赔偿责任如何确定？

2000 年 7 月，顾客钱某在一家商场购买了一台热水器，8 月钱某在洗澡时，由于该热水器漏电，致使其被强大的电流击倒，经抢救无效死亡。钱某家属在与该商场就赔偿问题交涉过程中，发现该商场先前曾收到过好几封反映该种类型的热水器漏电的信件。钱某亲属遂以生产厂家和商场为被告提起诉讼，请求法院判决被告承担损害赔偿责任。

上述情形在生活中经常碰到，这属于产品责任问题。产品责任包括人身损害责任和财产损害责任两部分，后者如由于购买的插座发生短路而烧毁家用电器的情形。产品责任属于一种特殊类型的侵权责任，侵害人可以是产品的生产者，也可以是销售者。消费者、用户因为使用质量不合格的产品造成本人或者第三人人身伤害、财产损失的，受害人可以向产品制造者或者销售者要求赔偿。如果责任是由产品仓储者、运输者造成的，生产者、销售者赔偿后可以向仓储者、运输者追偿。

产品责任适用举证责任倒置，由侵害人证明自己的产品没有缺陷，而不是由受害人举证产品存在缺陷。如果侵害人不能证明自己的产品没有缺陷，则侵害人要对产品造成的损害承担责任。产品责任造成人身伤亡的，侵害人需要支付的赔偿包括医疗费、误工费、生活补助费、丧葬费、抚恤金和死者生前扶养的人的必要的生活费等。此范围与《民法通则》规定的范围基本一致，只是多出了抚恤金。抚恤金是给死者家属精神痛苦的补偿，类似于外国民法规定的慰抚金的性质。其他赔偿项目一律按一般人身伤害进行计算。因产品质量不合格而提起的诉讼由被告所在地或者侵权行为地人民法院管辖，侵权行为地包括侵权行为实施地和侵权结果发生地。

2. 因产品缺陷造成他人人身损害的，被侵权人应向谁请求损害赔偿？

《侵权责任法》第43条规定："因产品存在缺陷造成损害的，被侵权人可以向产品的生产者请求赔偿，也可以向产品的销售者请求赔偿。产品缺陷由生产者造成的，销售者赔偿后，有权向生产者追偿。因销售者的过错使产品存在缺陷的，生产者赔偿后，有权向销售者追偿。"这里的被侵权人是指因产品存在缺陷造成人身、财产损害之后，有权要求获得赔偿的人，既包括直接购买并使用缺陷产品的人，也包括非直接购买使用缺陷产品但受到缺陷产品损害的其他人。

我国有关法律也对被害人的索赔途径作了规定，如《产品质量法》第43条规定："因产品存在缺陷造成人身、他人财产损害的，受害人可以向产品的生产者要求赔偿，也可以向产品的销售者要求赔偿。属于产品的生产者的责任，产品的销售者赔偿的，产品的销售者有权向产品的生产者追偿。属于产品的销售者的责任，产品的生产者赔偿的，产品的生产者有权向产品的销售者追偿。"可见，对于产品缺陷造成他人人身损害的，原则上生产者应当承担赔偿责任，如果产品存在缺陷是由于销售者的过错造成的，那么销售者应当承担赔偿责任。生产者和销售者之间属于连带责任，受害人可以向其中任何一人或二者主张赔偿责任，无过错的生产者在承担赔偿责任后可以向产品的销售者追偿。如果产品缺陷不是由销售者的过错造成的，但销售者不能指明缺陷产品的生产者也不能指明缺陷产品的供货者，销售者应当承担赔偿责任。

此外，根据《侵权责任法》第44条的规定，如果运输者和仓储者对产品缺陷的形成也负有责任，消费者只能向产品的生产者或者销售者提出赔偿请求，而不能直接要求产品的运输者和仓储者承担赔偿责任。当然，没有过错的产品生产者和销售者可以在承担责任后请求运输者和仓储者赔偿损失，也可以向法院申请将运输者和仓储者列为案件的第三人，一并参与审理。

因产品缺陷造成他人人身损害而提起的诉讼，由被告人所在地或者侵权行为地人民法院管辖。运输者和仓储者对产品质量负有责任，制造者或者销售者请求赔偿损失的，可以另案处理，也可以将运输者和仓储者列为第三人，一并处理。

3. 因产品缺陷造成他人人身损害的，生产者在哪些情形下可以免责？

产品责任虽然法律规定生产者适用无过错责任，但并不是绝对责任，生产者仍有减轻或者免除责任的情形。对生产者免除产品责任作出明确规定的主要是《产品质量法》。根据我国《产品质量法》第41条第2款的规定，下列情形下缺陷产品销售者和生产者不承担责任：

（1）未将产品投入流通的。投入流通，是指任何形式的出售、出租、租赁、租卖以及抵押、出质、典当。如果产品仍然处于生产阶段或紧接着生产完毕后的仓储阶段，则不能认为已经投入流通。

（2）产品投入流通时，引起损害的缺陷尚不存在的。生产者的产品质量没有问题，但是由于运输者、仓储者或者销售者的过错造成产品缺陷的，该缺陷产品致人损害，受害人向产品生产者主张赔偿，生产者应当先行赔偿，然后向有过错的运输者、仓储者或销售者追偿。

（3）将产品投入流通时的科学技术水平尚不能发现缺陷的存在的。在产品投入流通时不能发现缺陷存在的情形下，虽然其后由于科学技术的进步而认识到产品存在缺陷，生产者也不对该已投入流通的产品致人损害承担法律上的赔偿责任。

（4）其他免责条件。受害人存在过错的情形下，如在受害人对产品误用、滥用、过度使用、不听警示进行改装、拆卸等情形下，生产者不承担产品缺陷的赔偿责任。而在产品无偿使用的情形下，如试吃、试用的产品，生产者、销售者主张由于无偿使用而不承担赔偿责任的理由则是不能成立的。

4. 产品责任的归责原则是什么？

《侵权责任法》第41条规定："因产品存在缺陷造成他人损害的，生产者应当承担侵权责任。"即对生产者适用无过错责任原则。第42条规定："因销售者的过错使产品存在缺陷，造成他人损害的，销售者应当承担侵权责任。"即对销售者适用过错责任原则。这就形成了我国产品责任以无过错责任原则为主，以过错责任原则为例外的双重归责体系。

所谓过错责任，是指由于生产者或销售者的疏忽，造成产品缺陷，致使消费者的人身或财产受到损害所应负之责任。过错，主要在于有应注意、能注意而有疏忽（不注意）等要素的存在。同时，受害消费者要举证证明加害人有过错。即原告必须证明产品生产者或销售者在产品生产或销售过程中有疏忽行为，并因此行为而使原告受到人身或财产的损害才能得到赔偿。所谓无过错责任，又称严格责任，只要产品有缺陷，对消费者和使用者具有不合理的危险，并因而使他们的人身或财产受到损害，该产品的生产者和销售者都应对此负责，消费者可以向生产者或者销售者追偿，产品缺陷由生产者造成的，销售者赔偿后，有权向生产者追偿。因销售者的过错使产品存在缺陷的，生产者赔偿后，有权向销售者追偿。

5. 在产品侵权诉讼中，举证责任该如何分配？

举证责任，又称证明责任，是指当事人对自己提出的主张有提供证据进行证明的责任。没有证据或者证据不足以证明当事人的事实主张的，由负有举证责任的当事人承担不利后果。

我国的产品责任的双重归责原则对产品责任中举证责任的分担产生了影响。根据举证责任分担的一般原则，谁提出主张，谁就有责任提供证据，即“谁主张，谁举证”。因此，在产品责任诉讼中，原告应就缺陷产品给自己造成的人身伤害或财产损害承担举证责任。但在不同的归责原则下，原告所负担的举证责任有所不同。

（1）过错责任下的举证责任。

当原告针对销售者向法院提起诉讼，要求其赔偿损失时，原告需要提供证据证明：①被告有义务对出售的产品予以注意；②被告没有尽到合理注意义务；③被告的过失直接造成了原告的人身损害或财产损失。在这种诉讼中，原告对被告的过错的举证责任是原告能否胜诉的关键。

（2）严格责任下的举证责任。

当原告针对生产者向法院提起诉讼，要求其赔偿损失时，原告须提出证据证明：①产品存在缺陷或具有不合理的危险；②有关产品造成损害，主要是提供有关产品造成人身伤害、残疾或者死亡的医生诊断证明，为治疗伤痛、疾病而支付的医疗费、误工费、生活补助费等费用的单据证明；③该缺陷是造成损害的直接原因。

被告如果想要免责就必须对自己产品不存在缺陷以及产品缺陷与原告所受损害不存在因果关系作出证明，如果被告不能作出充分的反证或免责证明，则应承担不利的诉讼后果。

在严格责任的情况下，尽管被告承担责任的可能性大大增加，但严格责任并非发生损害即承担责任的“绝对责任”。我国《产品质量法》第 41 条第 2 款对被告主张减免责任的理由有详细规定，前文也已述及，此处不再赘述。

（三）雇主责任

1. 雇员从事雇佣活动中导致他人人身损害的，由谁来承担赔偿责任？

《人身损害赔偿司法解释》第 9 条第 1 款规定：“雇员在从事雇佣活动中致人损害的，雇主应当承担赔偿责任；雇员因故意或者重大过失致人损害的，应当与雇主承担连带赔偿责任。雇主承担连带赔偿责任的，可以向雇员追偿。”这一规定表明，雇员在从事雇佣活动中致人损害的，应当由其雇主承担连带赔偿责任，并不要求其雇主主观上存在过错。从事雇佣活动，是指从事雇主授权或者指示范围内的生产经营活动或者其他劳务活动。雇员的行为超出授权范围，但其表现形式是履行职务或者与履行职务有内在联系的，应当认定为“从事雇佣活动”。雇主对雇员致人损害承担赔偿责任必须具备以下几个条件：（1）须有雇员的职务侵权行为，即有雇员侵权行为的发生，而且该侵权行为必须是执行职务上的行为；（2）须有损害后果，这是构成损害事由的基本要求；（3）须雇员主观上有过错。

在雇员因故意或者重大过失致人损害的情况下，雇员与雇主一起承担连带赔偿责任。受害人既可以向雇主主张赔偿责任，也可以向雇员主张赔偿责任，其可以根据雇主和雇员的财产状况等决定向谁主张。雇主在承担完连带赔偿责任后可以向雇员追偿。

2. 如何判断雇主和雇员之间存在雇佣关系？

考察雇主和雇员之间是否存在雇佣关系，主要看以下几个方面：(1) 双方有无雇佣合同（口头的或书面的）；(2) 雇员有无报酬；(3) 雇员有无提供劳务；(4) 雇员是否受雇主的监督。

社会生活中存在许多没有签订劳动合同的用工情形，在这种情形下判断是否存在事实上的雇佣关系主要看后两点内容，它决定着事实上雇佣关系的存在与否。

此外，考察雇员在雇主的组织或事业中所占的地位，也是确定雇佣关系的一个重要标准。例如，一个私营饭店的厨师和给该饭店定时供货的菜贩，都在给雇主提供服务，但二者与雇主的关系却不同。厨师按合同受雇于雇主，是该饭店业务的一个组成部分；而按合同供货的菜贩，虽然为该饭店的业务服务，但不是这项业务的组成部分，仅仅是其附属部分。因此，对于厨师，雇主处于替代责任的地位；对于菜贩，雇主则不处于替代责任的地位。

（四）工伤事故责任

1. 职工在哪些情况下受到伤害，属于工伤范围？

按照《工伤保险条例》第 14 条、第 15 条的规定，职工有下列情形之一的，应当认定为工伤，享受工伤保险待遇：

(1) 在工作时间和工作场所内，因工作原因受到事故伤害的；

(2) 工作时间前后在工作场所内，从事与工作有关的预备性或者收尾性工作受到事故伤害的；

(3) 在工作时间和工作场所内，因履行工作职责受到暴力等意外伤害的；

（4）患职业病的；

（5）因工外出期间，由于工作原因受到伤害或者发生事故下落不明的；

（6）在上下班途中，受到非本人主要责任的交通事故或者城市轨道交通、客运轮渡、火车事故伤害的；

（7）法律、行政法规规定应当认定为工伤的其他情形。

职工有下列情形之一的，视同工伤：

（1）在工作时间和工作岗位，突发疾病死亡或者在48小时之内经抢救无效死亡的；

（2）在抢险救灾等维护国家利益、公共利益活动中受到伤害的；

（3）职工原在军队服役，因战、因公负伤致残，已取得革命伤残军人证，到用人单位后旧伤复发的（享受除一次性伤残补助金以外的工伤保险待遇）。

2. 不得认定为工伤的情形包括哪些？

职工在下列情形下，不得认定为工伤：

（1）故意犯罪的；

（2）醉酒或者吸毒的；

（3）自残或者自杀的。

值得注意的是，《工伤保险条例》明确规定因为故意犯罪的才不予以工伤认定，所以对于过失犯罪、违反治安管理或者违反用人单位规章或其他法律规范，构成工伤条件的，仍应认定为工伤，享受工伤保险待遇。

3. 如何进行工伤认定？

工伤认定是对工伤事故基础事实的认定，它关系到工伤事故责任的构成问题。将职工的人身伤害事实认定为工伤，则构成工伤事故责任，反之，则不构成工伤事故责任。

（1）工伤认定机构。

工伤认定的机构是社会保险行政部门。一般由用人单位所在地统筹地区社会保险行政部门负责。如果属于应当由省级社会保险行政部门进行工伤认定的事项，根据属地原则由用人单位所在地的设区的市级社会保险行政部门办理。

（2）工伤认定申请。

工伤认定的申请人分为：①用人单位；②工伤职工或者其近亲属；③工会组织。用人单位申请的，所在单位应当自事故伤害发生之日或者被诊断、鉴定为职业病之日起的30日内，向统筹地区的社会保险行政部门提出。如果有特殊情况，经过社会保险行政部门同意，该期限可以适当延长。如果用人单位未按照前述规定提出工伤认定申请的，工伤职工或者其近亲属、工会组织可以提出申请，其期限是1年，即在事故伤害发生之日或者被诊断、鉴定为职业病之日起1年内。这样规定有利于保护职工的合法权益。

（3）工伤认定材料。

提出工伤认定申请应当提交下列材料：①工伤认定申请表；②与用人单位存在劳动关系（包括事实劳动关系）的证明材料；③医疗诊断证明或者职业病诊断证明书（或者职业病诊断鉴定书）。

工伤认定申请表应当包括事故发生的时间、地点、原因以及职工伤害程度等基本情况。

（4）受理及决定。

工伤认定申请人提供材料不完整的，社会保险行政部门应当一次性书面告知工伤认定申请人需要补正的全部材料。申请人按照书面告知要求补正材料后，社会保险行政部门应当受理。

社会保险行政部门应当自受理工伤认定申请之日起60日内

作出工伤认定的决定，并书面通知申请工伤认定的职工或者其近亲属和该职工所在单位。社会保险行政部门对受理的事实清楚、权利义务明确的工伤认定申请，应当在15日内作出工伤认定的决定。

作出工伤认定决定需要以司法机关或者有关行政主管部门的结论为依据的，在司法机关或者有关行政主管部门尚未作出结论期间，作出工伤认定决定的时限中止。

社会保险行政部门工作人员与工伤认定申请人有利害关系的，应当回避。

4. 对工伤事故受害人进行劳动能力鉴定应当经过哪些程序？

在工伤发生之后，应当对工伤事故受害人进行劳动能力鉴定，确定劳动能力等级，以确定受害职工享受何种工伤待遇。工伤事故受害人进行劳动能力鉴定包括以下几个方面：

(1) 鉴定内容。

劳动能力鉴定的内容分为劳动功能障碍等级鉴定和生活自理障碍等级鉴定，这两部分合在一起称为劳动能力鉴定。劳动功能障碍等级鉴定是确定受害职工因为工伤致使其劳动能力下降的程度，也就是对劳动能力发挥的障碍程度。劳动功能障碍的等级为十级，也称为十个伤残等级。最重的为一级，最轻的为十级。生活自理障碍等级鉴定分为三级，分别是生活完全不能自理、生活大部分不能自理和生活部分不能自理。根据受害职工的伤残情况和劳动能力鉴定标准，确定受害职工的劳动功能障碍等级和生活自理障碍等级，并且以此确定其享受的工伤保险待遇。

除此之外，还规定了复查鉴定。根据《工伤保险条例》第28条规定，自劳动能力鉴定结论作出之日起1年后，工伤职工或者其直系亲属、所在单位或者经办机构认为伤残情况发生变化的，可以申请劳动能力复查鉴定。复查鉴定仍然要做上述方面的鉴定。

（2）劳动能力鉴定组织。

劳动能力鉴定机构和劳动能力鉴定委员会分为两级：省级劳动能力鉴定委员会和设区的市级劳动能力鉴定委员会。设区的市级劳动能力鉴定委员会的鉴定结论是第一级的鉴定结论，省级劳动能力鉴定委员会的鉴定结论是最终的鉴定结论。

劳动能力鉴定委员会的组成，由本级劳动保障行政部门、人事行政部门、卫生行政部门、工会组织、经办机构的代表以及用人单位的代表组成。

劳动能力鉴定委员会建立医疗卫生专家库，将具有医疗卫生高级专业技术职务任职资格、掌握劳动能力鉴定的相关知识和具有良好的职业品德的专家列入专家库中，作为劳动能力鉴定专家组的备用人选。

（3）鉴定程序。

劳动能力鉴定由用人单位、工伤职工或者其直系亲属向设区的市级劳动能力鉴定委员会提出申请。提出申请时，应当提交工伤认定决定和职工工伤医疗的有关资料。

第一级的劳动能力鉴定机构为设区的市级劳动能力鉴定委员会。设区的市级劳动能力鉴定委员会收到劳动能力鉴定申请后，应当从医疗卫生专家库中随机抽取3名或者5名相关专家组成专家组，由专家组提出鉴定意见。设区的市级劳动能力鉴定委员会根据专家组的鉴定意见作出工伤职工劳动能力鉴定结论。如果确有必要，鉴定委员会可以委托具备资格的医疗机构协助进行有关的诊断。鉴定委员会的鉴定结论应当在法定的期限内作出。设区的市级劳动能力鉴定委员会应当自收到劳动能力鉴定申请之日起60日内作出劳动能力鉴定结论。如果必要，作出劳动能力鉴定结论的期限可以延长30日。劳动能力鉴定结论应当及时送达申请鉴定的单位和个人。

第二级劳动能力鉴定机构为省级劳动能力鉴定委员会。申请鉴定的单位或者个人对设区的市级劳动能力鉴定委员会作出的鉴定结论不服的，可以在收到该鉴定结论之日起 15 日内向省、自治区、直辖市劳动能力鉴定委员会提出再次鉴定申请。省、自治区、直辖市劳动能力鉴定委员会作出的劳动能力鉴定结论为最终结论，不能要求重新鉴定。

5. 发生工伤事故后，权利人如何索赔？

发生工伤事故后，用人单位对人身损害赔偿责任的承担上应当区分参加工伤保险统筹的与未参加工伤保险统筹的用人单位的人身损害赔偿责任。

(1) 参加工伤保险统筹的用人单位的人身损害赔偿责任。

正因为工伤事故既有侵权行为的性质，又有劳动保险的性质，所以首先应当按照工伤保险责任纠纷处理。这就是工伤保险责任优先原则。也就是说，在工伤事故发生后，用人单位参加工伤保险统筹的，应当先向保险人要求赔偿。具体过程是权利人因侵权行为遭受人身损害，经劳动行政部门确认为工伤，如果侵权人是用人单位或者受雇于同一用人单位的其他劳动者的，受害人应当申请工伤保险赔偿。《人身损害赔偿司法解释》第 12 条第 1 款对此作了规定，即“依法应当参加工伤保险统筹的用人单位的劳动者，因工伤事故遭受人身损害，劳动者或者其近亲属向人民法院起诉请求用人单位承担民事赔偿责任的，告知其按《工伤保险条例》的规定处理”。

但需要注意的是，由于工伤保险给付的性质是补偿性质，可能存在不能充分填补受害劳动者的损害的情形。因此，如果受害人在工伤保险赔偿后损害依然不能得到充分的补偿时，受害人有权请求侵权人承担侵权损害赔偿责任，人民法院应予受理，但在计算赔偿数额时应当扣除其已领得的工伤保险补偿。

（2）未参加工伤保险统筹的用人单位的人身损害赔偿责任。

发生工伤事故后，对未参加工伤保险统筹的用人单位的人身损害赔偿责任，受害劳动者当然无法请求工伤保险给付，其享有人身损害赔偿请求权。如果受害人向法院起诉的，法院应当受理，判决用人单位承担赔偿责任。

6. 第三人造成雇员损害，雇员享受工伤保险待遇后可否向第三人请求赔偿？

第三人造成雇员人身伤害，构成工伤，已经享受了工伤保险待遇的雇员是否还能向造成损害的第三人请求赔偿问题，《人身损害赔偿司法解释》第 12 条规定得很明确：“依法应当参加工伤保险统筹的用人单位的劳动者，因工伤事故遭受人身损害，劳动者或者其近亲属向人民法院起诉请求用人单位承担民事赔偿责任的，告知其按《工伤保险条例》的规定处理。”“因用人单位以外的第三人侵权造成劳动者人身损害，赔偿权利人请求第三人承担民事赔偿责任的，人民法院应予支持。”按照这一规定，关于第三人对雇员伤害的责任与工伤保险责任之间关系的协调，采用以下规则：

（1）对于第三人造成的损害，只要属于工伤保险统筹的劳动者的工伤事故，就应当按照《工伤保险条例》的规定处理。

（2）第三人侵权造成劳动者人身损害，属于侵权行为，应当按照侵权行为法的规定进行。因此，劳动者对第三人予以起诉的，法院应当予以支持。

由上可知，这种情况下受害人可以请求“两份”赔偿，既可以请求工伤事故赔偿，也可以同时向第三人请求赔偿。

7. 工伤人员享受哪些工伤医疗待遇？

职工因工作遭受事故伤害或者患职业病进行治疗，享受工伤医疗待遇。

职工治疗工伤应当在签订服务协议的医疗机构就医，情况紧急时可以先到就近的医疗机构急救。

治疗工伤所需费用符合工伤保险诊疗项目目录、工伤保险药品目录、工伤保险住院服务标准的，从工伤保险基金支付。工伤保险诊疗项目目录、工伤保险药品目录、工伤保险住院服务标准，由国务院社会保险行政部门会同国务院卫生行政部门、食品药品监督管理部门等部门规定。

职工住院治疗工伤的伙食补助费，以及经医疗机构出具证明，报经办机构同意，工伤职工到统筹地区以外就医所需的交通、食宿费用从工伤保险基金支付，基金支付的具体标准由统筹地区人民政府规定。

工伤职工治疗非工伤引发的疾病，不享受工伤医疗待遇，按照基本医疗保险办法处理。

工伤职工到签订服务协议的医疗机构进行工伤康复的费用，符合规定的，从工伤保险基金支付。

工伤职工因日常生活或者就业需要，经劳动能力鉴定委员会确认，可以安装假肢、矫形器、假眼、假牙和配置轮椅等辅助器具，所需费用按照国家规定的标准从工伤保险基金支付。

此外，职工因工致残的，根据伤残等级不同享受不同的工伤保险待遇。

8. 职工因工致残被鉴定为一至四级伤残的，享受哪些待遇？

职工因工致残被鉴定为一级至四级伤残的，除了享受工伤医疗待遇外，还可以保留劳动关系，退出工作岗位，享受以下待遇：

(1) 从工伤保险基金按伤残等级支付一次性伤残补助金，

标准为：一级伤残为27个月的本人工资，二级伤残为25个月的本人工资，三级伤残为23个月的本人工资，四级伤残为21个月的本人工资。

（2）从工伤保险基金按月支付伤残津贴，标准为：一级伤残为本人工资的90%，二级伤残为本人工资的85%，三级伤残为本人工资的80%，四级伤残为本人工资的75%。伤残津贴实际金额低于当地最低工资标准的，由工伤保险基金补足差额。

（3）工伤职工达到退休年龄并办理退休手续后，停发伤残津贴，按照国家有关规定享受基本养老保险待遇。基本养老保险待遇低于伤残津贴的，由工伤保险基金补足差额。

职工因工致残被鉴定为一级至四级伤残的，由用人单位和职工个人以伤残津贴为基数，缴纳基本医疗保险费。

9. 职工因工致残被鉴定为五至六级伤残的，享受哪些待遇？

职工因工致残被鉴定为五级、六级伤残的，除了享受工伤医疗待遇外，享受以下待遇：

（1）从工伤保险基金按伤残等级支付一次性伤残补助金，标准为：五级伤残为18个月的本人工资，六级伤残为16个月的本人工资。

（2）保留与用人单位的劳动关系，由用人单位安排适当工作。难以安排工作的，由用人单位按月发给伤残津贴，标准为：五级伤残为本人工资的70%，六级伤残为本人工资的60%，并由用人单位按照规定为其缴纳应缴纳的各项社会保险费。伤残津贴实际金额低于当地最低工资标准的，由用人单位补足差额。

经工伤职工本人提出，该职工可以与用人单位解除或者终止劳动关系，由工伤保险基金支付一次性工伤医疗补助金，由用人单位支付一次性伤残就业补助金。一次性工伤医疗补助金和一次性伤残就业补助金的具体标准由省、自治区、直辖市人民政府规定。

10. 职工因工致残被鉴定为七至十级伤残的，享受哪些待遇？

职工因工致残被鉴定为七级至十级伤残的，除了享受工伤医疗待遇外，享受以下待遇：

（1）从工伤保险基金按伤残等级支付一次性伤残补助金，标准为：七级伤残为13个月的本人工资，八级伤残为11个月的本人工资，九级伤残为9个月的本人工资，十级伤残为7个月的本人工资。

（2）劳动、聘用合同期满终止，或者职工本人提出解除劳动、聘用合同的，由工伤保险基金支付一次性工伤医疗补助金，由用人单位支付一次性伤残就业补助金。一次性工伤医疗补助金和一次性伤残就业补助金的具体标准由省、自治区、直辖市人民政府规定。

11. 职工因工死亡的，其近亲属可领取的丧葬补助金、供养亲属抚恤金和一次性工亡补助金数额如何确定？

职工因工死亡，其近亲属按照下列规定从工伤保险基金领取丧葬补助金、供养亲属抚恤金和一次性工亡补助金：

（1）丧葬补助金为6个月的统筹地区上年度职工月平均工资。

（2）供养亲属抚恤金按照职工本人工资的一定比例发给由因工死亡职工生前提供主要生活来源、无劳动能力的亲属。标准为：配偶每月40%，其他亲属每人每月30%，孤寡老人或者孤儿每人每月在上述标准的基础上增加10%。核定的各供养亲属的抚恤金之和不应高于因工死亡职工生前的工资。供养亲属的具体范围由国务院社会保险行政部门规定。

（3）一次性工亡补助金标准为上一年度全国城镇居民人均可支配收入的20倍。

伤残职工在停工留薪期内因工伤导致死亡的，其近亲属可以领取丧葬补助金、供养亲属抚恤金和一次性工亡补助金。

一级至四级伤残职工在停工留薪期满后死亡的，其近亲属可以享受上述第（1）、（2）项规定的待遇。

12. 职工因工外出期间发生事故或者在抢险救灾中下落不明的，享受哪些工伤保险待遇？

职工因工外出期间发生事故或者在抢险救灾中下落不明的，从事故发生当月起3个月内照发工资，从第4个月起停发工资，由工伤保险基金向其供养亲属按月支付供养亲属抚恤金。生活有困难的，可以预支一次性工亡补助金的50%。职工被人民法院宣告死亡的，按照职工因工死亡的规定处理。

13. 工伤职工在哪些情形下停止享受工伤保险待遇？

工伤职工有下列情形之一的，停止享受工伤保险待遇：

（1）丧失享受待遇条件的；

（2）拒不接受劳动能力鉴定的；

（3）拒绝治疗的。

14. 工伤人员的哪些治疗费用能从工伤保险基金中支付？

能从工伤保险基金中支付的治疗费用包括以下几个方面：（1）治疗工伤所需费用（含工伤康复的费用）。（2）工伤职工因日常生活或者就业需要，经劳动能力鉴定委员会确认，可以安装假肢、矫形器、假眼、假牙和配置轮椅等辅助器具，所需费用按照国家规定的标准从工伤保险基金支付。（3）工伤职工工伤复发，确认需要治疗的，继续享受法定的工伤待遇。

从工伤保险基金中支付治疗费用需要具备以下条件：

（1）治疗工伤所需费用（含工伤康复的费用）符合工伤保险诊疗项目目录、工伤保险药品目录、工伤保险住院服务标准的，从工伤保险基金支付。至于“工伤保险诊疗项目目录、工伤保险药品目录、工伤保险住院服务标准”，法律授权国务院社会保险行政部门会同国务院卫生行政部门、食品药品监督管理部门等部门规定。但目前而言，全国尚未出台一部关于“工伤保险诊疗项目目录、工伤保险药品目录、工伤保险住院服务标准”的完整规范，只有一部原劳动社会保障部制定的关于工伤保险药品目录的规范。因此，在衡量是否符合“工伤保险诊疗项目目录、工伤保险药品目录、工伤保险住院服务标准”方面，还是应以各地具体规定为依据。

（2）职工工伤只有在签订服务协议的医疗机构就医，所产生的费用才能从工伤保险基金支付。在我国，工伤保险实行的是协议医疗服务方式。在公开、公正、平等协商的基础上，社会保险经办机构将与符合条件的医疗机构签订医疗服务协议，并将工伤保险协议医疗机构的名单以适当方式向社会公布。职工发生工伤后，应当在统筹地区的协议医疗机构进行治疗，如在统筹区域以外发生工伤的职工，也可在事故发生地优先选择协议医疗机构治疗。考虑到伤害救治具有很强的时限性，法律规定“情况紧急时可以先到就近的医疗机构急救”。未在统筹地协议医疗机构救治的工伤职工，用人单位应及时向经办机构报告工伤职工的伤情及救治医疗机构的情况，并待病情稳定后转回统筹地区的协议医疗机构治疗。

15. 工伤职工的停工留薪期间如何确定?

根据《工伤保险条例》的规定，职工因工作遭受事故伤害或者患职业病需要暂停工作接受工伤医疗的，在停工留薪期内，原工资福利待遇不变，由所在单位按月支付。停工留薪期一般不超过12个月。伤情严重或者情况特殊，经设区的市级劳动能力鉴定委员会确认，可以适当延长，但延长不得超过12个月。工伤职工评定伤残等级后，停发原待遇，按照条例的有关规定享受伤残待遇。工伤职工在停工留薪期满后仍需治疗的，继续享受工伤医疗待遇。

生活不能自理的工伤职工在停工留薪期需要护理的，由所在单位负责。

停工留薪期间的具体规定往往见于一些地方性的规定之中，如《北京市工伤职工停工留薪期管理办法》等，根据这些规定，工伤职工应及时将工伤医疗机构出具的诊断证明或者休假证明报送给所在单位。由用人单位根据工伤医疗机构的诊断证明，按照《停工留薪期目录》，确定工伤职工的停工留薪期，并书面通知工伤职工本人。

16. 工伤职工的生活护理费如何确定?

工伤职工已经评定伤残等级并经劳动能力鉴定委员会确认需要生活护理的，从工伤保险基金按月支付生活护理费。

生活护理费按照生活完全不能自理、生活大部分不能自理或者生活部分不能自理3个不同等级支付，其标准分别为统筹地区上年度职工月平均工资的50%、40%或者30%。

17. 工伤职工的住院伙食补助费标准如何?

根据《工伤保险条例》的相关规定，职工住院治疗工伤的伙食补助费可从工伤保险基金支付，基金支付的具体标准由统筹地区人民政府规定。由此可见，《工伤保险条例》所称的伙食补助费特指“住院”伙食补助费，只有在职工治疗工伤的住院期间才享有，职工一旦办理出院手续出院后，便不能获得该补助。另外，我国幅员辽阔，不同地区之间经济发展水平存在较大差异，所以，《工伤保险条例》对住院期间的伙食补助费的标准并没有明确规定，而是授权各地的人民政府规定。

18. 职工工伤的交通费、食宿费在什么情况下可以得到赔偿？

通常而言，职工工伤在用人单位所在地的定点医院接受医疗，职工工伤医疗期间并不产生交通费、食宿费的赔偿问题。然而，有时也会出现工伤职工异地就医的情况。比如，定点医院医疗条件制约工伤的救治时，工伤职工需转院治疗的，此时便产生交通费、食宿费问题。根据《工伤保险条例》第30条第4款的相关规定，工伤职工到统筹地区以外就医的，所需交通、食宿费用从工伤保险基金支付，基金支付的标准由统筹地区人民政府规定。但是，这必须经医疗机构出具证明，报经办机构同意。另外，因情况紧急工伤职工先到就近的医疗机构急救，随后转院的也可产生交通费的赔偿问题。

19. 发生工伤后发现公司没有为自己上工伤保险，该怎么办？

《工伤保险条例》第62条规定：“用人单位依照本条例规定应当参加工伤保险而未参加的，由社会保险行政部门责令限期参加，补缴应当缴纳的工伤保险费，并自欠缴之日起，按日加收万分之五的滞纳金；逾期仍不缴纳的，处欠缴数额1倍以上3倍以下罚款。依照本条例规定应当参加工伤保险而未参加工伤保险的用人单位职工发生工伤的，由该用人单位按照本条例规定的工伤保险待遇项目和标准支付费用。”因此，公司给职工应当上而没有上工伤保险的，发生工伤的职工仍然可以要求其支付相应的费用。受伤职工需要做以下几件事情：一是赶紧取得有关证据，包括工资证明、受伤治疗证明、其他员工的证明以及用人单位给予各种费用报销的证明；二是依据《劳动保障监察条例》和《工伤保险条例》对用人单位没有足额缴纳社会保险费的情况进行举报，要求当地劳动监察部门对用人单位的不法行为进行查办；三是向用人单位所在地的劳动保障行政部门申请认定工伤。职工发生事故伤害或者按照《职业病防治法》的规定被诊断、鉴定为职业病，所在单位应当自事故伤害发生之日或者被诊断、鉴定为职业病之日起30日内，向统筹地区社会保险行政部门提出工伤认定申请。遇有特殊情况，经报社会保险行政部门同意，申请时限可以适当延长。

用人单位未按前款规定提出工伤认定申请的，工伤职工或者其近亲属、工会组织在事故伤害发生之日或者被诊断、鉴定为职业病之日起1年内，可以直接向用人单位所在地统筹地区社会保险行政部门提出工伤认定申请。用人单位未在规定的时限内提交工伤认定申请，在此期间发生符合本条例规定的工伤待遇等有关费用由该用人单位负担。有了工伤认定结论后，受伤职工才能获得其他的工伤保险待遇。

认定工伤后，如果公司没有按照有关规定落实工伤保险待遇，应该先向当地劳动争议仲裁机构申请仲裁，对仲裁结论不服的，方可提起民事诉讼。对于工伤，根据最高人民法院的相关司法解释，不适用人身损害赔偿的规定，也就无法要求获得精神损害赔偿。可以获得的赔偿包括医疗费、住院伙食补助、就医路费、误工工资、一次性伤残补助金、一次性工伤医疗补助金和伤残就业补助金。如果需要康复治疗、需要配置辅助器具的，还可以要求支付康复治疗费、辅助器具配置费；另外，如果治疗期间需要生活护理的，还可以要求支付生活护理费。

（五）环境污染侵权责任

1. 公民受到噪音污染的侵害，如何维护自己的健康权？

某油田钻井公司、滩海公司相继在某住宅区两栋住宅楼前，并排矗立起两个高大的井架。因只有一条马路之隔，隆隆的钻机声不绝于耳，即使门窗紧闭，巨大的声音还是吵得小区居民无法正常生活。入夜，声音更为明显。此后，居民普遍反映自己患上了头疼、恶心、失眠等病症。据说此项工作将持续半年甚至更长时间。在有关部门迟迟不采取补救措施的情况下，公民怎样才能维护自己的健康权不受损害呢？

本案解决的途径有两种。一是向当地环境保护行政管理部门控告，由环保部门依法对其作出行政处罚，并责令排除危害，对损失赔偿进行处理。对处理决定不服的，可以向法院提起诉讼。二是直接向法院提起民事诉讼，请求法院判令对方停止侵害、赔偿损失。

《环境保护法》第 38 条规定："对违反本法规定，造成环境污染事故的企业事业单位，由环境保护行政主管部门或者其他依照法律规定行使环境监督管理权的部门根据所造成的危害后果处以罚款；情节较重的，对有关责任人员由其所在单位或者政府主管机关给予行政处分。"

《环境保护法》第 41 条规定："造成环境污染危害的，有责任排除危害，并对直接受到损害的单位或者个人赔偿损失。赔偿责任和赔偿金额的纠纷，可以根据当事人的请求，由环境保护行政主管部门或者其他依照法律规定行使环境监督管理权的部门处理；当事人对处理决定不服的，可以向人民法院起诉。当事人也可以直接向人民法院起诉。”

《民法通则》第124条规定：“违反国家保护环境防止污染的规定，污染环境造成他人损害的，应当依法承担民事责任。”

2. 发生环境污染侵权时举证责任由谁承担？

环境污染侵权属于特殊的侵权行为，实行无过错责任原则，即无论侵权行为人有无过错，只要法律规定应当承担责任，行为人即应对其行为所造成的损害承担责任。在举证责任上也有特殊之处，即采“举证责任倒置”规则。

《最高人民法院关于民事诉讼证据的若干规定》第4条规定，“下列侵权诉讼，按照以下规定承担举证责任：……（三）因环境污染引起的损害赔偿诉讼，由加害人就法律规定的免责事由及其行为与损害结果之间不存在因果关系承担举证责任……”《侵权责任法》第66条也规定：“因污染环境发生纠纷，污染者应当就法律规定的不承担责任或者减轻责任的情形及其行为与损害之间不存在因果关系承担举证责任。”这两条都表明环境污染侵权实行因果关系的举证责任倒置，将污染行为与损害结果之间存在因果关系的举证义务加于污染者，而不是受害人。污染者必须提出反证，证明其行为与损害之间没有因果关系，才不承担侵权责任，否则，就应当承担。这是因为许多环境侵害行为本身创造社会财富，有一定的正当性，而现代工业生产及由此造成的污染往往涉及复杂的科学技术问题，作为普通公众的受害人难以证实侵权人的过错，加害人作为获利企业，理应为其获得利益所造成的损害承担责任，而举证责任倒置这种方式有利于加强对受害人的保护，减轻受害人的举证负担，使其能够较为顺利地获得救济。

（六）帮工责任

1. 无偿帮工造成第三人受伤，应当由谁承担赔偿责任？

《人身损害赔偿司法解释》第13条规定：“为他人无偿提供劳务的帮工人，在从事帮工活动中致人损害的，被帮工人应当承担赔偿责任。被帮工人明确拒绝帮工的，不承担赔偿责任。帮工人存在故意或者重大过失，赔偿权利人请求帮工人和被帮工人承担连带责任的，人民法院应予支持。”

该条是对无偿帮工致人损害赔偿责任的规定。帮工就是指无偿向他人提供劳务。帮工不是劳动关系，帮工人与被帮工人之间没有劳动合同来明确双方之间的权利和义务，双方之间也没有事实上的雇佣劳动关系。为他人无偿提供劳务的帮工现象现实生活中比较常见，比如帮助建房等。在帮工过程中，帮工人致人损害的情况也时有发生，根据前述规定，我们可知：

（1）在帮工人不存在故意或者重大过失时，帮工人致人损害的人身损害赔偿责任，由被帮工人替代承担。替代责任型的帮工致人损害的人身损害赔偿，在被帮工人对受害人承担了人身损害赔偿责任后，不能向帮工人进行追偿。帮工人提供帮工是无偿的，而且其从事帮工活动导致他人的人身损害至多是一般过失，所以不能让帮工人最后承担责任，被帮工人赔偿后不享有对帮工人的追偿权。

（2）被帮工人拒绝帮工的，帮工人坚持帮工，造成他人损害的，帮工人自己承担责任，被帮工人不承担责任。

（3）帮工人造成损害具有故意或者重大过失的，承担连带责任，也就是说帮工人和被帮工人一同承担赔偿责任。受害人可以请求帮工人和被帮工人之间的一人或者数人承担损害赔偿责任，被请求人必须承担。承担后根据帮工人和被帮工人的责任大小确定各自应当承担的责任份额。

2. 帮工人在帮工中遭受人身损害，应当怎样追究赔偿责任？

《人身损害赔偿司法解释》第 14 条第 1 款规定：“帮工人因帮工活动遭受人身损害的，被帮工人应当承担赔偿责任。被帮工人明确拒绝帮工的，不承担赔偿责任；但可以在受益范围内予以适当补偿。”

由上述规定可知，帮工人由于帮工受到的损害责任分为两种情形：第一，帮工人为被帮工人义务提供帮工，造成损害的，应当由被帮工人承担赔偿责任；第二，被帮助人明确拒绝帮工的，原则上不承担赔偿责任，但可在受益范围内予以适当补偿。

被帮工人未明确拒绝帮工的，视为被帮工人与帮工人之间产生了一种特定的关系，类似于雇主与雇员的关系。帮工人所为的帮工活动是无偿的，所产生的利益归属于被帮工人，被帮工人应当承担一定的风险。当帮工人由于从事帮工活动受到人身损害时，被帮工人对帮工人的人身损害承担赔偿责任是公平合理的。如果被帮工人明确拒绝帮工，虽然被帮工人与帮工人之间不产生特定的关系，但毕竟被帮工人会从帮工人的帮工活动中受益，对此也不能视而不见。根据上述司法解释的规定，在被帮工人明确拒绝帮工的情况下发生帮工人遭受人身损害情形的，被帮工人原则上不承担赔偿责任，但可以在受益范围内予以适当补偿。需要注意的是，是“可以”作出适当补偿而不是“必须”适当补偿，具体由法官自由裁量。

3. 帮工人在帮工活动中因第三人侵权受到损害，该如何确定赔偿责任？

《人身损害赔偿司法解释》第 14 条第 2 款规定："帮工人因第三人侵权遭受人身损害的，由第三人承担赔偿责任。第三人不能确定或者没有赔偿能力的，可以由被帮工人予以适当补偿。"

由上述规定可知，对帮工人在帮工活动中因第三人侵权受到损害的情形，赔偿的原则是：首先，由第三人承担赔偿责任；其次，第三人不能确定或者没有赔偿能力的，被帮工人承担予以适当补偿的责任。

因为第三人造成帮工活动中的帮工人人身损害，属于侵权责任，应当由第三人自身直接承担人身损害赔偿责任。但是如果侵权第三人无法确定或者没有赔偿能力，由于帮工人的帮工活动是为了被帮工人的利益，而且是在从事帮工活动中遭受第三人侵权，因此，法律规定被帮工人对帮工人的损害可以适当补偿。但这个适当补偿适用的前提是侵权第三人不能确定或者没有赔偿能力，并且这种适当补偿不受被帮工人受益范围的限制。

4. 帮工人在帮工活动中致人损害，受害人能否要求帮工人和被帮工人承担连带赔偿责任？

周某家盖房，外甥王某过来帮忙，王某在垒墙的时候不慎失手将一块砖头掉落在施工人马某头上，马某被送到医院后头部缝了 8 针，花去医疗费 896 元。该案中，马某能要求周某和王某承担连带责任吗？

帮工人一般是指为他人无偿提供劳务帮助的人，本案中王某为帮工人，周某为被帮工人。根据《人身损害赔偿司法解释》第 13 条的规定，为他人无偿提供劳务的帮工人，在从事帮工活动中致人损害的，被帮工人应当承担赔偿责任。被帮工人明确拒绝帮工的，不承担赔偿责任。帮工人存在故意或者重大过失，赔偿权利人请求帮工人和被帮工人承担连带责任的，人民法院应予支持。本案中，王某过来帮工是得到周某同意的，并且是为了周某的利益，被帮工人周某应当承担赔偿责任，但是由于王某存在重大过失，王某和周某应当为马某的受伤承担连带赔偿责任。

同时，《人身损害赔偿司法解释》第 14 条还规定："帮工人因帮工活动遭受人身损害的，被帮工人应当承担赔偿责任。被帮工人明确拒绝帮工的，不承担赔偿责任；但可以在受益范围内予以适当补偿。帮工人因第三人侵权遭受人身损害的，由第三人承担赔偿责任。第三人不能确定或者没有赔偿能力的，可以由被帮工人予以适当补偿。"这些规定完善了司法机关处理相关问题的法律依据。

（七）高压触电损害赔偿

1. 高压触电导致人身伤亡，赔偿责任如何确定？

高压电致人损害的侵权纠纷是一种特殊类型的侵权行为，法律对此有明确的规定。《最高人民法院关于审理触电人身损害赔偿案件若干问题的解释》第 2 条明确规定，因高压电造成人身损害的案件，由电力设施产权人依照《民法通则》第 123 条的规定承担民事责任。《民法通则》第 123 条规定，从事高空、高压、易燃、易爆、剧毒、放射性、高速运输工具等对周围环境有高度危险的作业造成他人损害的，应当承担民事责任；如果能够证明损害是由受害人故意造成的，不承担民事责任。本条对高度危险作业规定了无过错责任原则，《侵权责任法》也进一步肯定了这一归责原则的适用。所以，在高压电致人损害的侵权纠纷中，不同于一般的侵权纠纷，受害人免除了加害人主观过错的举证责任，除非存在免责事由，高压触电的侵权责任一律由电力设施产权人承担赔偿责任。

但是，高压电引起的人身损害是由多个原因造成时，须按照致害人的行为与损害结果之间的原因力确定各自的责任。确定原因力大小的方式需要依靠区分主要原因和次要原因来加以判断，如果致害人的行为是损害发生的主要原因，致害人就应当承担主要责任；如果致害人的行为是损害后果发生的次要原因，则应当承担相应的次要责任。

此外，高压电致人损害侵权纠纷在以下情形下，电力设施产权人不承担民事责任：

（1）不可抗力；

（2）受害人以触电方式自杀、自伤；

（3）受害人盗窃电能，盗窃、破坏电力设施或者因其他犯罪行为而引起触电事故；

（4）受害人在电力设施保护区从事法律、行政法规所禁止的行为。

2. 高压电致人损害的侵权诉讼中，受害人一方举证时应注意哪些问题？

高压电触电侵权是一种特殊的侵权责任，诉讼中首先要明确这类侵权行为适用的是无过错责任原则，因而对加害人的主观状态一般不需要考虑，受害人无须举证加害人对损害的发生具有过错，加害人也不能通过证明自己没有过错而主张免责。诉讼中，受害人应集中精力对高度危险责任的客观要件进行举证。首先，受害人应提供高压触电人身伤害的医院抢救治疗证明、证人证言、照片和录像等证据资料，这是高压触电侵权责任成立的基本前提。其次，应当明确“高压电”的标准，根据司法解释只有一千伏及一千伏以上电力等级的才能称之为高压电，也才能适用相关法律关于高压电力侵权责任的特殊规定。最后，在多因致害的情况下，主要是通过比较原因力来分配当事人的责任，所以受害人应当注意收集相关证据证明加害人在多大程度上导致了损害的发生。

需要注意的是，高压电致人损害的责任人是电力设施的产权人，受害人要寻求救济必须建立在明确高压电力设施产权归属的基础上。高压触电侵权诉讼中，受害人一般应指出发生高压触电伤害案件的具体地点，必要时还需提供“110”出警、“120”抢救等记录，甚至公证机构的相关资料，以此来判断肇事线路的电压等级和电力设施、设备的产权归属等问题。

3. 因触电引起的人身损害赔偿范围包括哪些内容？

因触电引起的人身损害赔偿范围包括以下几项：

（1）医疗费：指医院对因触电造成伤害的当事人进行治疗所收取的费用。医疗费根据治疗医院诊断证明、处方和医药费、住院费的单据确定。

医疗费还应当包括继续治疗费和其他器官功能训练费以及适当的整容费。继续治疗费既可根据案情一次性判决，也可根据治疗需要确定赔偿标准。

费用的计算参照公费医疗的标准。

当事人选择的医院应当是依法成立的、具有相应治疗能力的医院、卫生院、急救站等医疗机构。当事人应当根据受损害的状况和治疗需要就近选择治疗医院。

（2）误工费：有固定收入的，按实际减少的收入计算。没有固定收入或者无收入的，按事故发生地上年度职工平均年工资标准计算。误工时间可以按照医疗机构的证明或者法医鉴定确定；依此无法确定的，可以根据受害人的实际损害程度和恢复状况等确定。

（3）住院伙食补助费和营养费：住院伙食补助费应当根据

受害人住院或者在外地接受治疗期间的时间，参照事故发生地国家机关一般工作人员的出差伙食补助标准计算。人民法院应当根据受害人的伤残情况、治疗医院的意见决定是否赔偿营养费及其数额。

(4) 护理费：受害人住院期间，护理人员有收入的，按照误工费的规定计算；无收入的，按照事故发生地平均生活费计算。也可以参照护工市场价格计算。受害人出院以后，如果需要护理的，凭治疗医院证明，按照伤残等级确定。残疾用具费应一并考虑。

(5) 残疾人生活补助费：根据丧失劳动能力的程度或伤残等级，按照事故发生地平均生活费计算。自定残之月起，赔偿20年。但50周岁以上的，年龄每增加一岁减少一年，赔偿年限最低不少于10年；70周岁以上的，按5年计算。

(6) 残疾用具费：受害残疾人因日常生活或辅助生产劳动需要必须配制假肢、代步车等辅助器具的，凭医院证明按照国产普通型器具的费用计算。

(7) 丧葬费：国家或者地方有关机关有规定的，依该规定；没有规定的，按照办理丧葬实际支出的合理费用计算。

(8) 死亡补偿费：按照当地平均生活费计算，补偿20年。对70周岁以上的，年龄每增加一岁少计一年，但补偿年限最低不少于10年。

(9) 被扶养人生活费：以死者生前或者残者丧失劳动能力前实际抚养的、没有其他生活来源的人为限，按当地居民基本生活费标准计算。被扶养人不满18周岁的，生活费计算到18周岁。被扶养人无劳动能力的，生活费计算20年，但50周岁以上的，年龄每增加一岁抚养费少计一年，计算生活费的年限最低不少于10年；被扶养人70周岁以上的，抚养费只计5年。

(10) 交通费：是指救治触电受害人实际必需的合理交通费用，包括必须转院治疗所必需的交通费。

(11) 住宿费：是指受害人因客观原因不能住院也不能住在家里确需就地住宿的费用，其数额参照事故发生地国家机关一般工作人员的出差住宿标准计算。

当事人的亲友参加处理触电事故所需交通费、误工费、住宿费、伙食补助费，参照上述有关规定计算，但计算费用的人数不超过3人。

(八) 物件致人损害赔偿

1. 被大风刮掉的广告牌砸伤，应由谁承担赔偿责任？

广告牌在民法中视为悬挂物。对于建筑物、构筑物或者其他设施及其搁置物、悬挂物脱落、坠落造成他人损害的，我国相关法律对此有明确的规定。《民法通则》第126条规定："建筑物或者其他设施以及建筑物上的搁置物、悬挂物发生倒塌、脱落、坠落造成他人损害的，它的所有人或者管理人应当承担民事责任，但能够证明自己没有过错的除外。"

《侵权责任法》中基本延续了《民法通则》中的规定，其第85条规定："建筑物、构筑物或者其他设施及其搁置物、悬挂物发生脱落、坠落造成他人损害，所有人、管理人或者使用人不能证明自己没有过错的，应当承担侵权责任。所有人、管理人或者使用人赔偿后，有其他责任人的，有权向其他责任人追偿。"从该条规定可以看出，建筑物、构筑物或者其他设施及其搁置物、悬挂物脱落、坠落造成他人损害的责任主体是所有人、管理人或者使用人。

所有人就是对建筑物、构筑物或者其他设施及其搁置物、悬挂物享有占有、使用、收益、处分权的人，所有人是最为直接的责任承担主体。管理人是指依据法律规定或者行政命令对国有建筑物或其他设施享有固定的带有永久性的经营管理权的人，如有关的机关团体、事业单位、企业等。使用人是指通过租赁、借用或者其他法律关系而使用建筑物、构筑物或者其他设施及其搁置物、悬挂物的人。《民法通则》将建筑物或者其他设施以及建筑物上的搁置物、悬挂物发生倒塌、脱落、坠落造成他人损害的责任主体规定为所有人或者管理人，而侵权责任法在规定了所有人、管理人责任的基础上又增加了使用人的责任，这个立法变化是比较符合实际的。因为在很多情况下，是由于使用人的使用不当导致侵权行为的发生，规定使用人承担责任是比较公平的。

从上述法律规定可以看出，建筑物或者其他设施以及建筑物上的搁置物、悬挂物发生倒塌、脱落、坠落造成他人损害的责任适用过错推定原则。也就是说，损害发生后，被侵权人无须证明所有人、管理人或者使用人有过错，如果所有人、管理人或者使用人能够证明自己没有过错的，就不用承担赔偿责任了。否则，推定他们存在过错，应当承担赔偿责任。此外，如果建筑物、构筑物或者其他设施及其搁置物、悬挂物的所有人、管理人或者使用人赔偿后，有其他责任人的，有权向其他责任人追偿。

2. 建筑物倒塌致人损害的赔偿责任由谁承担？

近年来我国房地产市场蓬勃发展，但随之而来的房屋质量问题也日渐增多，“楼脆脆”、“楼歪歪”虽是人们对房屋建筑质量事件的奚落之语，但是不可否认建筑物、构筑物的质量问题关系到每个家庭的幸福和安宁，不可掉以轻心。当建筑物发生倒塌等事故时，该如何确定损害责任的赔偿人呢？

《侵权责任法》第 86 条第 1 款规定：“建筑物、构筑物或者其他设施倒塌造成他人损害的，由建设单位与施工单位承担连带责任。建设单位、施工单位赔偿后，有其他责任人的，有权向其他责任人追偿。”可见，建筑物、构筑物或者其他设施倒塌造成他人损害的，应首先由建设单位和施工单位承担连带赔偿责任。

一般情况下，建设单位依法取得土地使用权，在土地上兴建建筑物、构筑物或其他设施。建设单位是建设工程合同的总发包人，根据现行法律规定，建设单位依法对建设工程质量负责。建设单位违反《建设工程质量管理条例》的规定，对建设工程未组织竣工验收，擅自交付使用，或者验收不合格，擅自交付使用，或者对不合格的建设工程按照合格建设工程验收，造成损失的，依法承担赔偿责任。施工单位与建设单位或者其他发包人签订建设工程合同，对建设合同进行施工，施工单位负责建设工程的具体施工工作，对建设工程质量有着比较直接的影响，应当对建设工程的质量负责。施工单位既包括总承包施工单位，也包括分包施工单位。发包单位和分包单位或者转包单位对建筑工程质量负连带责任。

建设单位与施工单位承担连带责任，被侵权人既可以要求建设单位承担侵权责任，也可以要求施工单位承担侵权责任，还可以要求二者共同承担侵权责任。建设单位和施工单位进行赔偿后，有其他责任人的，由其向其他责任人追偿。“其他责任人”是指对建设工程质量有影响的人，即由于他们的原因导致工程建设质量出现问题，在建设单位、施工单位替他们承担完责任后，由他们负责最终的责任承担，一般包括勘察、设计、监理等单位。

《侵权责任法》第 86 条第 2 款规定：“因其他责任人的原因，建筑物、构筑物或者其他设施倒塌造成他人损害的，由其他责任人承担侵权责任。”本款中所说的其他责任人主要指哪些人呢？

其实，本款规定的是工程质量合格情形下其他人造成建筑物倒塌的责任承担问题。建筑物、构筑物或者其他设施倒塌有多种原因，有的是由于业主擅自改变承重结构，有的是由于使用不当，有的是由于年久失修。在这些情况下，则建设单位、施工单位等不承担责任，而由其他责任人承担。

可见，如果建筑物、构筑物或者其他设施由于质量不合格而倒塌造成他人损害的，一般适用《侵权责任法》第86条第1款的规定；如果建筑物、构筑物或者其他设施倒塌是因为超过合理使用期限、业主擅自改变承重结构等特殊情形造成的，被侵权人可以根据第86条第2款的规定，依法直接请求造成建筑物等设施倒塌的其他责任人承担侵权责任。《建设工程质量管理条例》第42条规定："建设工程在超过合理使用年限后需要继续使用的，产权所有人应当委托具有相应资质等级的勘察、设计单位鉴定，并根据鉴定结果采取加固、维修等措施，重新界定使用期。"如果建筑物等设施已经超过合理的使用年限，所有人不采取必要的加固、维修等安全措施，导致建筑物等设施倒塌造成他人损害的，所有人即属于本条第2款规定的"其他责任人"，应当承担侵权责任。《建设工程质量管理条例》第69条规定，房屋建筑使用者在装修过程中擅自变动房屋建筑主体和承重结构，造成损失的，依法承担赔偿责任。可见，因业主擅自改变承重结构导致房屋倒塌造成他人损害的，该业主或者其他使用人应当承担侵权责任。

3. 堆放物倒塌造成他人损害，应由谁承担责任？

《人身损害赔偿司法解释》第16条第1款第（二）项规定："下列情形，适用民法通则第一百二十六条的规定，由所有人或者管理人承担赔偿责任，但能够证明自己没有过错的除外：……（二）堆放物品滚落、滑落或者堆放物倒塌致人损害的；……"《侵权责任法》第88条规定："堆放物倒塌造成他人损害，堆放人不能证明自己没有过错的，应当承担侵权责任。"这里所说的倒塌，包括堆放物整体的倒塌和部分的脱落、滑落、坠落等。这里的堆放人，是指将物体堆放在某处的人，可能是所有人，也可能是管理人。

堆放物致人损害赔偿责任的成立必须具备一定的条件：一是有堆放物致害行为；二是必须有损害事实发生；三是损害事实与堆放物致害行为之间具有因果关系；四是堆放人不能证明自己没有过错。

《侵权责任法》的出台，大大简化了堆放物致人损害责任的认定过程。《民法通则》和《人身损害赔偿司法解释》中规定的堆放物致人损害的责任主体是堆放物的所有人和管理人，而《侵权责任法》直接规定该责任主体为堆放物的堆放人，责任主体比较明确。堆放物倒塌造成他人损害的，堆放人承担过错推定责任，即堆放人不能证明自己没有过错的，必须承担侵权责任。不过在有些情况下，即使堆放人没有过错也会承担一部分责任。根据《民通意见》第155条的规定，因堆放物品倒塌造成他人损害的，如果当事人均无过错，应当根据公平原则酌情处理。可见，在当事人双方都无过错的情况下，应按照公平原则，根据实际情况由当事人双方分担民事责任。

4. 因林木折断造成他人损害，应由谁承担侵权责任？

《侵权责任法》第90条规定："因林木折断造成他人损害，林木的所有人或者管理人不能证明自己没有过错的，应当承担侵权责任。"这里所说的林木，包括自然生长和人工种植的林木。本条没有限定林木生长的地域范围，林地、公共道路旁以及院落周围零星生长的树木等折断造成他人损害的，林木的所有人或者管理人不能证明自己没有过错的，均要承担侵权责任。林木的所有人、管理人在林木有可能危害他人的安全时，要设置明显标志并采取相应的安全措施，及时消除危险状态，如及时修剪干枯的树枝，采伐干枯的树木，及时清理树上的积雪，及时采摘成熟的果实等。如果林木所有人或管理人没有过错，损害是由于不可抗力、受害人的过错或者第三人的过错造成的，其所有人、管理人免责。

5. 地面施工致人损害的赔偿责任由谁承担？

《民法通则》第125条规定：“在公共场所、道旁或者通道上挖坑、修缮安装地下设施等，没有设置明显标志和采取安全措施造成他人损害的，施工人应当承担民事责任。”《侵权责任法》第91条规定：“在公共场所或者道路上挖坑、修缮安装地下设施等，没有设置明显标志和采取安全措施造成他人损害的，施工人应当承担侵权责任。”在公共场所或者道路上施工，是指在公共场所或者道路上挖坑、修路、修缮安装地下设施等，如架设电线、铺设管道、维修公路、修缮下水道等。应当设置明显标志和采取安全措施，主要包括三个方面的内容：（1）设置的警示标志必须具有明显性；（2）施工人要保证警示标志的稳固并负责对其进行维护，使警示标志持续地存在于施工期间；（3）仅设置明显的标志不足以保障他人安全的，施工人还应当采取其他有效的安全措施。

从上述法律规定可以看出，地面施工致人损害的赔偿责任采取的是无过错责任原则，即只要施工人在施工场所、道旁或者通道上挖坑、修缮安装地下设施等，没有设置明显标志和采取安全措施造成他人损害，就要承担民事赔偿责任，而不考虑施工人是否有过错，也不能因为施工人证明自己没有过错而免责。

6. 因高空坠落物致人死亡的赔偿责任如何确定？

鲍某去某小区办事，当行至该小区5号楼时，突然从高空落下一个花盆，鲍某躲闪不及，被花盆砸中头部，在被送往医院途中因伤势过重死亡。鲍某的妻子遂向公安机关报案，要求查明花盆是从哪家的阳台上掉下来的。公安机关经过测试，认定花盆是从5号楼的7层至15层之间坠落的，但是具体不能认定花盆是从谁家的阳台上掉下来的。5号楼7层至15层的住户既不能说明花盆是从谁家的阳台上掉下来的，也不能证明花盆不是从自家阳台上掉下来的。鲍某的妻子遂向法院提起诉讼，要求5号楼7层和15层的住户承担鲍某死亡的损害赔偿责任。法院最终判决支持了鲍某妻子的诉讼请求，判决该小区5号楼7层至15层的住户共同承担鲍某死亡的损害赔偿责任。

本案涉及高空坠落物致人伤亡的损害赔偿责任如何承担的问题。对于此问题，我国《民法通则》第126条作了明确规定："建筑物或者其他设施以及建筑物上的搁置物、悬挂物发生倒塌、脱落、坠落造成他人损害的，它的所有人或者管理人应当承担民事责任，但能够证明自己没有过错的除外。"

高空坠落物致人伤亡的损害赔偿适用过错推定责任原则，即受害人请求赔偿，不需要举证证明物件的所有人或者管理人有过错，只需要证明自己存在损害事实，该损害事实为该物件所致，直接从损害事实中推定其所有人或者管理人主观上有过错。所有人或者管理人认为自己没有过错的，应当举证证明。如果不能证明自己没有过错或者证明不足的，就推定其存在过错并承担赔偿责任。本案中，由于5号楼7层至15层的居民不能证明自己不是花盆的所有人或者管理人，也不能证明花盆不是从自家阳台坠落的，依照过错推定原则，法院就推定7层至15层的每家住户在主观上均存在对建筑物搁置物管理不当的过错，应当承担损害赔偿责任。每户损害原告的概率相当，法院可以按照公平责任原则确定5号楼7层至15层每个住户应当承担赔偿责任的份额。赔偿金额包括医疗费、丧葬费、死者生前扶养的人必要的生活费等。

（九）国家赔偿责任

1. 什么是国家赔偿责任？国家赔偿责任具体包括哪些类型？

国家赔偿责任，是指国家机关和国家机关工作人员行使职权，有法律规定的侵犯公民、法人和其他组织合法权益的情形，造成损害的，由国家所承担的赔偿责任。

根据《国家赔偿法》的规定，国家赔偿责任包括以下 3 种类型：

（1）行政赔偿责任。即对行政机关及其工作人员在行使行政职权时侵犯公民、法人和其他组织合法权益造成损害的赔偿责任。

（2）刑事赔偿责任。即对行使侦查、检察、审判、监狱管理职权的机关在行使职权时侵犯公民、法人和其他组织合法权益造成损害的赔偿责任。

（3）民事、行政审判赔偿责任。即对人民法院在民事诉讼、行政诉讼过程中违法采取妨害诉讼的强制措施、保全措施或者对判决、裁定及其他生效法律文书执行错误侵犯公民、法人和其他组织合法权益造成损害的赔偿责任。

在国家赔偿责任的 3 种类型中，刑事赔偿责任和民事、行政赔偿责任又统称为司法赔偿责任。

2. 构成国家赔偿责任应当具备哪些构成要件？

根据《国家赔偿法》第 2 条的规定，国家赔偿责任的构成要件有以下 4 个：

（1）主体是执行国家职务的国家机关及其工作人员。根据我国《宪法》的规定，国家机关是指享有一定权力，执行国家职能的国家机构系统，包括国家权力机关、国家行政机关、国家审判机关与国家检察机关等。国家机关工作人员是指在上述国家机关中担任一定职务，依法执行公务，并以此领取报酬的人员。如果行为人不是国家机关工作人员，就不可能引起国家赔偿责任。

（2）国家机关和国家工作人员行使职权有《国家赔偿法》规定的侵犯公民、法人和其他组织合法权益的情形，造成损害的。原来的《国家赔偿法》规定的是“违法行使职权”，而修改后去掉了“违法”二字，这是2010年4月29日通过的国家赔偿法修正案中的一大亮点，意味着国家赔偿的归责原则不再是违法原则，而是有条件的结果归责原则。根据这一修改，按照正常刑事诉讼程序拘捕的人，事后决定撤销案件、不起诉或者判决宣告无罪终止追究刑事责任的，也应给予国家赔偿，而在《国家赔偿法》修改前，这种情形下是不能给予赔偿的。可见，修改后的《国家赔偿法》扩大了赔偿范围。

（3）有损害事实发生。由于确定国家赔偿责任的目的在于对受害人进行赔偿，因此损害的发生成为国家赔偿责任产生的前提条件。这里所说的损害，包括对人身权的损害和对财产权的损害两方面。

（4）职务行为与损害结果之间存在因果关系。因果关系是连接责任主体与损害的纽带，也是国家对损害承担法律责任的基础与前提。如果缺乏这种因果关系，国家就没有义务对受害人的损害负责。在国家赔偿责任构成要件中，因果关系应当理解为直接因果关系。所谓直接因果关系就是国家机关及其工作人员的职务行为直接造成了公民、法人和其他组织合法权益的损害。

同时具备了上述4个方面的条件，就构成了国家赔偿责任，赔偿义务机关应当依照《国家赔偿法》的规定及时履行赔偿义务。

3.《国家赔偿法》规定的侵犯人身权的行政赔偿范围是什么？

根据《国家赔偿法》第 3 条的规定，行政机关及其工作人员在行使行政职权时有下列侵犯人身权情形之一的，受害人有取得赔偿的权利：

（1）违法拘留或者违法采取限制公民人身自由的行政强制措施的；

（2）非法拘禁或者以其他方法非法剥夺公民人身自由的；

（3）以殴打、虐待等行为或者唆使、放纵他人以殴打、虐待等行为造成公民身体伤害或者死亡的；

（4）违法使用武器、警械造成公民身体伤害或者死亡的；

（5）造成公民身体伤害或者死亡的其他违法行为。

修改后的《国家赔偿法》把“虐待”这一行为也增列为侵犯人身权的情形，受害人遭受虐待造成人身伤害或死亡的，有权获得国家赔偿。

4.《国家赔偿法》规定的侵犯财产权的行政赔偿范围是什么？

根据《国家赔偿法》第 4 条的规定，行政机关及其工作人员在行使行政职权时有下列侵犯财产权情形之一的，受害人有取得赔偿的权利：

（1）违法实施罚款、吊销许可证和执照、责令停产停业、没收财物等行政处罚的；

（2）违法对财产采取查封、扣押、冻结等行政强制措施的；

（3）违法征收、征用财产的；

（4）造成财产损害的其他违法行为。

5. 在国家赔偿责任中，对精神损害能否予以赔偿？

修改后的《国家赔偿法》第35条规定：“有本法第三条或者第十七条规定情形之一，致人精神损害的，应当在侵权行为影响的范围内，为受害人消除影响，恢复名誉，赔礼道歉；造成严重后果的，应当支付相应的精神损害抚慰金。”新增加了“造成严重后果的，应当支付相应的精神损害抚慰金”的规定。可见，凡是侵害人身权、依法应予以行政赔偿或者刑事赔偿、致人精神损害的赔偿义务人，应当在侵权行为影响的范围内，为受害人消除影响，恢复名誉，赔礼道歉；造成严重后果的，应当支付相应的精神损害抚慰金。首次明确了国家赔偿责任包括对精神损害的赔偿，体现了“以人为本”的执政理念。

但是，如何界定“严重后果”和确定“精神损害抚慰金的数额”情况比较复杂，因此，《国家赔偿法》并没有对精神损害的赔偿标准作出统一规定，而是授权最高人民法院根据审判实践中出现的具体问题作出具体应用的解释。

一般情况下，确定精神损害抚慰金的数额主要应考虑以下因素：一是受害人精神损害的程度。虽然精神损害是无形的、内在的，但需要依据一定的外部情况进行认定，如受害人的身体状况、精神状况等。二是侵权行为的性质及严重程度。如受害人被判处的罪名、刑罚、被羁押的时间等。三是侵权人的过错程度以及侵权行为的具体情节。四是国家的财政状况和当地经济发展状况。在综合考虑多方面情况的基础上，确定是否属于造成了“严重后果”，以及精神损害抚慰金的具体数额。

6. 在哪些情况下国家不承担赔偿责任？

《国家赔偿法》第5条规定，属于下列情形之一的，国家不承担赔偿责任：

（1）行政机关工作人员与行使职权无关的个人行为；

（2）因公民、法人和其他组织自己的行为致使损害发生的；

（3）法律规定的其他情形。

7. 什么是行政赔偿请求人？哪些人可以成为行政赔偿请求人？

所谓行政赔偿请求人，是指因其合法权益受到行政机关及其工作人员违法行使职权侵害而有权要求国家赔偿的公民、法人和其他组织。

根据《国家赔偿法》第6条之规定，行政赔偿请求人包括以下三类：

（1）公民。这里所说的公民，是指具有中华人民共和国国籍的自然人。凡是公民的合法权益受到行政机关及其工作人员行使职权行为侵害的，都有权提出赔偿请求。公民作为赔偿请求人参加行政赔偿程序时，必须具有权利能力和行为能力，如果受害的公民为未成年人或者精神病人，则必须由其法定代理人代理进行。如果受害的公民死亡，那么其继承人和其他有扶养关系的亲属有权要求赔偿。

（2）法人。这里所说的法人，按照《民法通则》第36条之规定，是指具有民事权利能力和民事行为能力，依法独立享有民事权利和承担民事义务的组织。具体包括企业法人、事业法人、团体法人等。法人的合法权益依法受法律保护，当其合法权益遭到行政机关及其工作人员违法行使职权侵害时，有权要求行政赔偿。法人单位在行政赔偿诉讼中，应当以法人的主要负责人作为法定代表人。受害的法人终止时，其权利承受人有权要求赔偿。

（3）其他组织。其他组织是指合法成立，有一定的组织机构和财产，但又不具备法人资格的组织。其他组织的合法权益如果受到行政机关及其工作人员违法行使职权的侵害，向人民法院提出行政赔偿诉讼时，应由该组织的主要负责人作为法定代表人；没有主要负责人时，可以由实际上的负责人作为法定代表人进行诉讼。其他组织在取得赔偿前由于解散或者被撤销而终止的，则由其权利承受人作为赔偿请求人。

8. 受害的公民死亡，其继承人应当按怎样的顺序确定赔偿请求人？

根据《国家赔偿法》第 6 条第 2 款之规定，受害的公民死亡，其继承人和其他有扶养关系的亲属有权要求赔偿。由继承人作为赔偿请求人提出行政赔偿请求的，应当按照我国《继承法》关于继承人的有关规定，依法确定赔偿请求人：

（1）依照《继承法》第 10 条、第 11 条和第 12 条规定确定继承人的范围。继承人的范围包括第一顺序继承人和第二顺序继承人。第一顺序继承人包括配偶、子女、父母；第二顺序继承人包括兄弟姐妹、祖父母、外祖父母。其中，子女包括婚生子女、非婚生子女、养子女和有扶养关系的继子女；父母包括生父母、养父母和有扶养关系的继父母；兄弟姐妹包括同父母的兄弟姐妹、同父异母或者同母异父的兄弟姐妹、养兄弟姐妹、有扶养关系的继兄弟姐妹。此外，丧偶儿媳对公、婆，丧偶女婿对岳父、岳母，尽了主要赡养义务的，作为该公、婆或者岳父、岳母的第一顺序继承人；被继承人的子女先于被继承人死亡的，被继承人子女的晚辈直系血亲即子女、孙子女、曾孙子女等作为代位继承人。

（2）在确定法定继承人中由谁行使行政赔偿请求权的时候，应当按照《继承法》规定的继承人的顺序，在存在第一顺序继承人的情况下，应由第一顺序继承人作为赔偿请求人提出行政赔偿请求；只有在第一顺序继承人不存在，或者第一顺序继承人丧失继承权或者放弃继承的情况下，第二顺序继承人才能作为赔偿请求人提出行政赔偿请求。

（3）对于遗嘱继承的，所有遗嘱继承人都有权作为赔偿请求人要求行政赔偿。如果其中只有一人或者几人提出了行政赔偿请求，在行政赔偿诉讼中，其他未提出赔偿请求的遗嘱继承人也应当追加为原告。

9. 什么是赔偿义务机关？一般情况下由谁作为赔偿义务机关？

赔偿义务机关，是指具体承担赔偿义务的行政机关，其在行政赔偿中的诉讼地位是被告。根据《国家赔偿法》第 7 条第 1 款规定，行政机关及其工作人员行使行政职权侵犯公民、法人或者其他组织的合法权益造成损害的，由该行政机关作为赔偿义务机关。这是确定行政赔偿义务机关的基本原则。

在通常情况下，行政机关及其工作人员依据其行政职权违法实施的行为侵犯了公民、法人或者其他组织的合法权益的，受害的公民、法人和其他组织应当以该行政机关作为赔偿义务机关，向其提出行政赔偿请求；对该行政机关拒不赔偿或者作出的赔偿决定不服的，可以以该行政机关作为被告向人民法院提起行政赔偿诉讼。

10. 两个以上行政机关共同行使职权侵权的，由谁作为赔偿义务机关？

《国家赔偿法》第 7 条第 2 款规定：“两个以上行政机关共同行使行政职权时侵犯了公民、法人和其他组织的合法权益造成损害的，共同行使行政职权的行政机关为共同赔偿义务机关。”

这一规定明确了两个以上行政机关共同侵权时，由谁作为赔偿义务机关的问题。在两个以上行政机关共同侵权中，实施侵权的行政机关一般来说都各自拥有不同的行政职权，且在行政体系中为互不隶属的行政机关，共同侵权行为也是实施该侵权行为的行政机关以共同的名义作出的，比如在联合检查中就容易出现这种情况。对于两个以上行政机关共同行使行政职权侵犯公民、法人或者其他组织合法权益的，受害的公民、法人或者其他组织有权向实施侵害行为的所有行政机关提出赔偿请求，实施侵权行为的行政机关之间对受害人负连带责任，在行政赔偿诉讼中应作为共同被告。

11. 法律、法规授权的组织在行使授予的行政权力时侵权造成损害的，由谁作为赔偿义务机关？

《国家赔偿法》第 7 条第 3 款规定："法律、法规授权的组织在行使授予的行政权力时侵犯公民、法人和其他组织的合法权益造成损害的，被授权的组织为赔偿义务机关。"

法律、法规授权的组织作为赔偿义务机关，应当具备以下两个条件：

（1）有法律、法规明确授予的行政权。这里所说的法律、法规，是指严格意义上的法律、法规。其中，法律是指全国人民代表大会及其常务委员会制定的规范性文件；法规指行政法规和地方性法规。行政法规是由国务院制定的规范性文件，地方性法规是由省、自治区、直辖市人民代表大会及其常务委员会，以及省、自治区人民政府所在地的市和国务院批准的较大的市人民代表大会及其常务委员会制定的规范性文件。只有上述法律、法规有权授权其他组织行使一定的行政权力，其他规范性文件均无权授予其他组织行使行政权力。如果在事实上出现了法律、法规以外的其他规范性文件授权其他组织行使行政职权的情况，则一律作为委托行使行政权力的情况处理，不能由被授权的其他组织作为赔偿义务机关。

（2）被授权的组织行使法律、法规授予的行政权力的行为违法且造成了对公民、法人和其他组织合法权益的损害。也就是说，国家仅对被授权的组织不依法行使授予的行政权的行为负责。如果被授权的组织实施的侵权行为与法律、法规授予的行政权没有任何关联或者关系，就不能认定为行政侵权行为，国家当然没有义务对此承担责任。

12. 受委托的组织或者个人行使委托的行政权时侵权的，由谁作为赔偿义务机关？

《国家赔偿法》第7条第4款规定："受行政机关委托的组织或者个人在行使受委托的行政权力时侵犯公民、法人和其他组织的合法权益造成损害的，委托的行政机关为赔偿义务机关。"

行政机关在进行行政管理的过程中，对于自己无法亲自实施或者某些非常细微的行政事务，可以依据法律或者职权将这部分行政职权或者行政事务委托给其他组织或者个人实施。在行政机关委托其他组织或者个人行使行政权力时，被委托的组织或者个人行使委托职权的行为在法律上视为委托人自己实施的行为，其法律后果也由委托人承担。因此，受行政机关委托的组织或者个人在行使受委托的行政权力时违法且造成了相对一方合法权益损害的事实的，受害的公民、法人或者其他组织应当以委托的行政机关为赔偿义务机关要求行政赔偿，而不应当向受委托的组织或者个人要求行政赔偿。

13. 赔偿义务机关被撤销的，应当由谁作为赔偿义务机关？

在实践中，有时会遇到行政机关作出违法行政行为造成公民、法人或者其他组织的合法权益受到损害，但在受害的公民、法人或者其他组织提出行政赔偿请求之前，作出违法行政行为的行政机关被撤销的情况。在这种情况下，应当由谁作为赔偿义务机关呢？

根据《国家赔偿法》第7条第5款规定："赔偿义务机关被撤销的，继续行使其职权的行政机关为赔偿义务机关；没有继续行使其职权的行政机关的，撤销该赔偿义务机关的行政机关为赔偿义务机关。"

由于国家行政机关体系基于机构调整改革的需要有时会发生合并、分立、撤销等变动，为保证公民、法人或者其他组织能够切实行使赔偿请求权，保障其合法权益，《国家赔偿法》对赔偿义务机关发生变动后的问题作了规定。具体分为两种情况：

（1）当赔偿义务机关因合并或者分立等原因而被撤销时，由继续行使其职权的行政机关为赔偿义务机关。

（2）如果赔偿义务机关被撤销后，没有继续行使其职权的行政机关的，则由撤销该赔偿义务机关的行政机关作为赔偿义务机关。

14. 违法行政行为经过行政复议程序的，由谁作为赔偿义务机关？

《国家赔偿法》第8条规定："经复议机关复议的，最初造成侵权行为的行政机关为赔偿义务机关，但复议机关的复议决定加重损害的，复议机关对加重的部分履行赔偿义务。"

行政复议是指公民、法人或者其他组织不服行政机关作出的具体行政行为而向上一级行政机关或者法律、法规规定的其他行政机关提出申诉，由上级行政机关或者其他行政机关依法对具体行政行为进行审查并作出裁决的活动。行政复议是行政救济的一种重要方式。按照我国《行政诉讼法》的规定，公民、法人或者其他组织对具体行政行为不服的，可以先向上一级行政机关或者法律、法规规定的其他行政机关申请复议，对复议决定不服的，再向人民法院提起诉讼；也可以直接向人民法院提起诉讼。

但是，如果法律、行政法规规定应当先向行政机关申请复议，对复议决定不服再向人民法院提起诉讼的，则必须先经过复议程序。这样就出现了一个具体行政行为经过了两级行政机关的审查，而后经过行政诉讼程序，确认具体行政行为违法而被撤销的情况。在这种情况下，由谁作为赔偿义务人就应当作具体分析：

（1）凡是经过行政复议的，如果行政复议机关所作出的复议决定没有加重损害，或者说复议决定没有造成原有损害扩大，原有损害是由最初行使行政职权的行政机关的违法行为造成的，受害人应当以最初造成侵权行为的行政机关为赔偿义务机关。

（2）经过行政复议之后，如果行政复议决定扩大或者加重了原有损害范围的，则最初作出违法行政行为的行政机关作为原有损害的赔偿义务机关；复议机关则应当作为损害加重或者扩大部分的赔偿义务机关部分承担赔偿责任。

15. 行政机关的派出机构的行政违法行为侵权，由谁作为赔偿义务机关？

行政机关的派出机构违法行使职权侵犯公民、法人和其他组织合法权益并造成损害的，应当如何确定赔偿义务机关，《国家赔偿法》没有作具体规定。但是，根据《最高人民法院关于贯彻执行〈中华人民共和国行政诉讼法〉若干问题的意见（试行）》中对相对一方不服行政机关的派出机构作出的具体行政行为时如何确定行政诉讼被告的有关司法解释精神，在行政机关的派出机构实施侵权行为时，应当以该行政机关作为赔偿义务机关。其原因就在于派出机构不是独立的行政机关，它仅是设立该派出机构的行政机关的一个组成部分，其所实施的行政行为在法律上视为行政机关实施的行为，由此产生的法律后果当然应当由该行政机关承担。

16. 行政机关与非行政机关共同署名作出的处理决定侵权并造成损害，应当由谁作为赔偿义务机关?

实践中，这种情况也比较常见，但在《国家赔偿法》中没有明确规定。根据《最高人民法院关于贯彻执行〈中华人民共和国行政诉讼法〉若干问题的意见（试行）》第19条对行政机关与非行政机关共同侵权行为如何确定行政诉讼被告的司法解释精神，对于行政机关与非行政机关共同侵权行为，应当以行政机关为赔偿义务机关，但在诉讼中，应当将非行政机关作为第三人。至于行政机关与非行政机关之间责任的具体承担，可以在行政机关承担了赔偿责任之后再与非行政机关加以解决，也可以由人民法院直接裁定行政机关和作为第三人的非行政机关之间的各自责任。

17. 提起行政赔偿诉讼必须经过行政先行处理程序吗?

行政赔偿程序是请求行政赔偿所必须遵循的步骤，是保障当事人实现国家赔偿请求权的有力手段。行政赔偿程序从操作步骤上来看，包括行政先行处理程序和行政赔偿诉讼程序两个步骤。从程序的性质上看，行政先行处理程序属于行政程序，即由行政机关按照行政程序来解决行政赔偿问题；行政赔偿诉讼程序属于司法程序，是由人民法院通过审理行政赔偿案件来解决行政赔偿责任问题。从这两个程序之间的关联性来看，行政先行处理程序是行政赔偿诉讼程序的先行程序，受害人必须通过行政先行处理程序要求行政赔偿，只有在其赔偿请求不能得到满足的情况下，才能依据行政赔偿诉讼程序提起诉讼。修改后的《国家赔偿法》第9条规定："赔偿义务机关有本法第三条、第四条规定情形之一的，应当给予赔偿。赔偿请求人要求赔偿，应当先向赔偿义务机关提出，也可以在申请行政复议或者提起行政诉讼时一并提出。”

18. 怎样写行政赔偿申请书？

按照《国家赔偿法》第12条第1款的规定，受害人提出行政赔偿，应当向赔偿义务机关提交申请书。申请书应当写明以下几项内容：

（1）受害人的自然情况。包括受害人的姓名、性别、年龄、工作单位和住所，法人或者其他组织的名称、住所和法定代表人或者主要负责人的姓名、职务。

（2）具体的要求、事实根据和理由。申请书中应当简明扼要地叙述案件基本事实以及造成损害的范围、程度，并附上相应的证据。同时赔偿申请人还应根据受到损害的性质及情况，具体提出要求赔偿的请求。

（3）申请的年、月、日。由于申请日期关系到赔偿义务机关处理期限的计算，因此非常重要，赔偿请求人必须在赔偿申请书中写明申请日期。

新修改的《国家赔偿法》增加了赔偿请求人身份说明义务、国家赔偿义务机关收讫程序和一次性告知义务。

《国家赔偿法》第12条第3款规定：“赔偿请求人不是受害人本人的，应当说明与受害人的关系，并提供相应证明。”因此，对于国家赔偿案件中，受害人已经死亡，受害公民的继承人和其他有扶养关系的亲属提出赔偿请求的，必须写明继承人和其他有扶养关系的亲属的姓名、性别、年龄、住所、工作单位以及与死亡的受害公民的关系等事项。如果受害的法人或者其他组织终止后由承受其权利的法人或者其他组织提出赔偿请求，则必须写明承受权利的法人或者其他组织的名称、住所和法定代表人或者主要负责人的姓名、职务。

《国家赔偿法》第12条第4款规定："赔偿请求人当面递交申请书的，赔偿义务机关应当当场出具加盖本行政机关专用印章并注明收讫日期的书面凭证。申请材料不齐全的，赔偿义务机关应当当场或者在五日内一次性告知赔偿请求人需要补正的全部内容。"

此外，赔偿请求人委托律师或者其他公民代理提出赔偿申请的，在申请书中还须写明委托代理人的姓名、性别、年龄、工作单位。同时还必须另向赔偿义务机关递交一份委托授权书，委托授权书由赔偿请求人出具，上面写明委托人与被委托人的基本情况（自然情况）、委托内容、委托权限、委托期限等内容，并由委托人（赔偿请求人）签名或者盖章。

19. 什么情况下可以提起行政赔偿的诉讼?

行政赔偿请求人向赔偿义务机关递交赔偿申请书后，赔偿义务机关应当自收到申请之日起两个月内，作出是否赔偿的决定。赔偿义务机关作出赔偿决定，应当充分听取赔偿请求人的意见，并可以与赔偿请求人就赔偿方式、赔偿项目和赔偿数额进行协商。

赔偿义务机关决定赔偿的，应当制作赔偿决定书，并自作出决定之日起10日内送达赔偿请求人。

赔偿义务机关决定不予赔偿的，应当自作出决定之日起10日内书面通知赔偿请求人，并说明不予赔偿的理由。

赔偿义务机关在规定期限内未作出是否赔偿的决定，赔偿请求人可以自期限届满之日起3个月内，向人民法院提起诉讼。

赔偿请求人对赔偿的方式、项目、数额有异议的，或者赔偿义务机关作出不予赔偿决定的，赔偿请求人可以自赔偿义务机关作出赔偿或者不予赔偿决定之日起3个月内，向人民法院提起诉讼。

20. 行政赔偿诉讼案件的管辖应当怎样确定？

行政赔偿案件的管辖，原则上适用行政诉讼法关于管辖的规定。具体包括以下内容：

（1）对于与行政诉讼一并提起行政赔偿诉讼的案件，原则上由最初作出具体行政行为的行政机关所在地人民法院管辖。

（2）经过复议的案件，复议机关改变原具体行政行为的，也可以由复议机关所在地人民法院管辖。

（3）对限制人身自由的行政强制措施不服提起的诉讼，由被告所在地或者原告所在地人民法院管辖。这里的原告所在地，包括原告的住所地、经常居住地和被限制人身自由所在地。

（4）因不动产提起的行政诉讼，由不动产所在地人民法院管辖。

两个以上人民法院都有管辖权的，原告可以选择其中一个人民法院提起诉讼。

单独提起行政赔偿诉讼的案件的管辖，与上面提到的情况基本相同，也是由赔偿义务机关所在地人民法院管辖。

21. 行政赔偿诉讼中的举证责任是如何分配的？

《国家赔偿法》第15条规定："人民法院审理行政赔偿案件，赔偿请求人和赔偿义务机关对自己提出的主张，应当提供证据。赔偿义务机关采取行政拘留或者限制人身自由的强制措施期间，被限制人身自由的人死亡或者丧失行为能力的，赔偿义务机关的行为与被限制人身自由的人的死亡或者丧失行为能力是否存在因果关系，赔偿义务机关应当提供证据。"

上述规定在坚持"谁主张，谁举证"原则的基础上，明确了赔偿义务机关的举证责任，同时对于特殊情况实行举证责任倒置。人民法院赔偿委员会处理赔偿请求，赔偿请求人和赔偿义务机关对自己提出的主张，应当提供证据；被羁押人在羁押期间死亡或者丧失行为能力的，赔偿义务机关的行为与被羁押人的死亡或者丧失行为能力是否存在因果关系，赔偿义务机关应当提供证据。对于受害人被羁押期限死亡或者丧失行为能力的情形，被限制人身自由的人处于赔偿义务人的监管之下，赔偿义务人有义务也有能力对其进行保护，一旦出现人身伤害事件，赔偿义务人离相关证据最近，具有最强的举证能力，因此赋予其相应的举证责任，即提供证据证明自己的行为与损害结果之间不存在因果关系也是合情合理的。对于类似“躲猫猫死”、“喝开水死”等情形下的赔偿责任认定，由赔偿义务机关提供相应证据，这一规定将有利于遏制刑讯逼供、牢头狱霸虐待犯罪嫌疑人的行为。

22. 被错误采取拘留措施，在何种情况下公民有权取得国家赔偿?

违反《刑事诉讼法》的规定对公民采取拘留措施的，或者依照《刑事诉讼法》规定的条件和程序对公民采取拘留措施，但是拘留时间超过刑事诉讼法规定的时限，其后决定撤销案件、不起诉或者判决宣告无罪终止追究刑事责任的，公民有权取得国家赔偿。具体而言：

（1）违反《刑事诉讼法》的规定对公民采取拘留措施的。

《刑事诉讼法》第61条规定了公安机关刑事拘留的条件：“公安机关对于现行犯或者重大嫌疑分子，如果有下列情形之一的，可以先行拘留：（一）正在预备犯罪、实行犯罪或者在犯罪后即时被发觉的；（二）被害人或者在场亲眼看见的人指认他犯罪的；（三）在身边或者住处发现有犯罪证据的；（四）犯罪后企图自杀、逃跑或者在逃的，（五）有毁灭、伪造证据或者串供可能的；（六）不讲真实姓名、住址，身份不明的；（七）有流窜作案、多次作案、结伙作案重大嫌疑的。”《刑事诉讼法》第132

条还规定，人民检察院直接受理的案件中符合犯罪后企图自杀、逃跑或者在逃的，有毁灭、伪造证据或者串供可能的两类情形，需要拘留犯罪嫌疑人的，由人民检察院作出决定，由公安机关执行。即刑事拘留必须符合两个条件：一是对象必须是现行犯或者重大嫌疑分子；二是具有法定情形。《刑事诉讼法》第 64 条、第 65 条规定了拘留的程序：必须出示拘留证；除有碍侦查或无法通知的情形以外，应当把拘留的原因和羁押的处所在拘留后 24 小时内通知被拘留人的家属或所在单位；应在拘留后的 24 小时内进行讯问；在发现不应当拘留的时候，必须立即释放，发给释放证明。

只有符合上述条件，严格依照程序，侦查机关才能采取拘留措施，超出法律规定的情形实施刑事拘留，即构成违法拘留。

不过，司法实践中对于轻微违反法定程序，未对被拘留人权利造成重大影响的，不应进入赔偿程序，如未在拘留后 24 小时内通知被拘留人家属或所在单位。对于违反法定程序，可能对被拘留人造成重大影响的，一般应予赔偿。如果案件最终处理结果为有罪认定的，对于违反法定条件和程序的拘留，由于可以折抵刑期，不符合刑事赔偿责任的构成要件，国家不需要承担赔偿责任。

（2）依照《刑事诉讼法》规定的条件和程序对公民采取拘留措施，但是拘留时间超过《刑事诉讼法》规定的时限，其后决定撤销案件、不起诉或者判决宣告无罪终止追究刑事责任的。

根据《刑事诉讼法》的有关规定，公安机关决定拘留的案件，在执行拘留后，认为需要逮捕的，应当在拘留后 3 日以内，提请人民检察院审查批准。在特殊情况下，提请审查批准的时间可以延长 1 日至 4 日。对于流窜作案、多次作案、结伙作案的重大嫌疑分子，提请审查批准的时间可以延长至 30 日。人民检察院对直接受理侦查的案件中被拘留的人，认为需要逮捕的，应当在 10 日以内作出决定。在特殊情况下，可以延长 1 日至 4 日。

人民检察院应当自接到公安机关提请批准逮捕书后的7日以内，作出批准逮捕或者不批准逮捕的决定。

侦查机关未在上述规定的时限内提请批准逮捕，其后决定撤销案件、不起诉或者判决宣告无罪终止追究刑事责任的，被拘留人有权提出赔偿请求。对于超时限拘留的赔偿，有以下几个问题应予注意：

其一，只有流窜作案、多次作案、结伙作案的重大嫌疑人，提请批准逮捕的时间才能延长至30日，对于其他刑事案件的犯罪嫌疑人，不得擅自扩大适用范围。对不属于流窜作案、多次作案、结伙作案情形，采取拘留措施，拘留期限超过7日时限，其后终止追究刑事责任的，被拘留人有权要求国家赔偿。

其二，是否超时限拘留，应以对侦查机关规定的时限为判断标准，人民检察院审查批捕的7日时间不应计算在侦查机关对公民采取拘留措施的合法审查期限内。侦查机关在法定期限内报请批捕，而人民检察院未在7日期限内审查作出是否批准逮捕的，公安机关应及时释放被拘留人或者改用取保候审、监视居住等其他强制措施。对于人民检察院超过时限未批捕，公安机关亦未及时变更强制措施造成的超时限拘留，作出拘留决定的机关应当承担赔偿责任。

其三，对于超时限拘留国家承担赔偿责任的，必须注意国家赔偿包括整个拘留期间，羁押期起算时间应从刑事拘留之日起，既包括法定期限内的拘留，又包括超过法定期限的拘留，并不是只赔偿超过规定时限的那部分期间。

23. 被错误采取逮捕措施，在何种情况下公民有权取得国家赔偿？

逮捕是指公安机关、人民检察院和人民法院，为防止犯罪嫌疑人或者被告人逃避侦查、起诉和审判，进行妨碍刑事诉讼的行为，或者发生社会危险性，而依法剥夺其人身自由，将其羁押起来的一种强制措施。在以下情形下，公民有权取得国家赔偿：

(1) 逮捕后决定撤销案件的。

撤销案件，是指侦查机关在侦查过程中，发现不应对犯罪嫌疑人追究刑事责任的，对已经立案侦查的案件依法作出予以撤销的处理决定。所谓不应对犯罪嫌疑人追究刑事责任，是指犯罪嫌疑人的行为缺乏犯罪构成要件不构成犯罪，根本不存在犯罪事实，或者有《刑事诉讼法》第15条规定的6种情形之一的，而不追究刑事责任。如果该犯罪嫌疑人已被逮捕，侦查机关应当立即释放，发给释放证明，并且通知原批准逮捕的人民检察院。逮捕后决定撤销案件的，如果没有国家免责情形，国家应承担赔偿责任。

此外，如果经侦查证实本案有犯罪事实但非犯罪嫌疑人所为，则不应撤销案件，而应继续侦查以查获真正的犯罪分子。对此种情形下以无罪释放证明解除羁押的，也属于不追究刑事责任的情形，国家应当承担赔偿责任。

(2) 逮捕后决定不起诉的。

不起诉，是指人民检察院对公安机关侦查终结移送起诉的案件和直接立案侦查终结的案件进行审查后，认为犯罪嫌疑人的行为不符合起诉条件，而依法作出的不将犯罪嫌疑人提交人民法院进行审判，终止刑事程序的处理决定。我国不起诉制度分为三种：法定不起诉、酌定不起诉和证据不足的不起诉。

法定不起诉又称绝对不起诉，是指《刑事诉讼法》第142条第1款规定的不起诉。绝对不起诉是否应予赔偿，应该分两种情形予以甄别判断。第一种是根据《刑事诉讼法》第15条的规定作出的不起诉决定，包括："（一）情节显著轻微、危害不大，不认为是犯罪的；（二）犯罪已过追诉时效期限的；（三）经特赦令免除刑罚的；（四）依照刑法告诉才处理的犯罪，没有告诉或者撤回告诉的；（五）犯罪嫌疑人、被告人死亡的；（六）其他法律规定免予追究刑事责任的。”该类不起诉属于国家赔偿免责情形，国家不承担赔偿责任。第二种是没有犯罪事实或犯罪事实不是犯罪嫌疑人所为的，即犯罪嫌疑人系“纯无辜”的，对于“纯无辜”的犯罪嫌疑人如何在审查起诉阶段结案，《刑事诉讼法》没有规定，最高人民检察院公诉厅在《人民检察院办理不起诉案件质量标准（试行）》中规定，“对于犯罪嫌疑人没有违法犯罪行为的，或者犯罪事实并非犯罪嫌疑人所为的案件，人民检察院应当书面说明理由将案件退回侦查机关作撤案处理或者重新侦查；侦查机关坚持移送的，经检察长决定，人民检察院可以根据刑事诉讼法第 142 条第 1 款的规定作不起诉处理”。在这种情形下，也是根据《刑事诉讼法》第 15 条对犯罪嫌疑人作出的不起诉决定，但此类不起诉决定与严格适用《刑事诉讼法》第 15 条而作出的不起诉决定是有所区别的，前者应予赔偿，因为“纯无辜”的犯罪嫌疑人根本没有犯罪事实或者犯罪事实非其所为，但由于侦查机关等的原因，导致被违法羁押，当然有权获得国家赔偿，而后者则可适用国家免责条款不予赔偿。

酌定不起诉又称相对不起诉，是指《刑事诉讼法》第 142 条第 2 款规定的不起诉。关于相对不起诉的赔偿问题，修改前的《国家赔偿法》中虽未予明确，但从立法原意来看，“情节显著轻微，危害不大，不认为是犯罪的”尚在国家免责范围之内，“犯罪情节轻微，依照刑法规定不需要判处刑罚或者免除刑罚的”，犯罪情节更严重，社会危害性更大，则更应在国家免责之列。所以，《最高人民检察院刑事赔偿工作规定》第 11 条规定，对于人民检察院依据《刑事诉讼法》第 142 条第 1 款和第 2 款之规定作出不起诉决定的案件，请求赔偿的违法侵犯人身权情形应当依法不予确认，明确了相对不起诉不应予以赔偿。修改后的《国家赔偿法》将依照《刑事诉讼法》第 142 条第 2 款规定不追究刑事责任的情形（相对不起诉）作为免责情形，进一步明确了相对不起诉情形下，国家不承担侵犯人身权赔偿责任。

证据不足不起诉又称存疑不起诉，是指《刑事诉讼法》第140条第4款规定的不起诉。关于存疑不起诉的赔偿问题，《国家赔偿法》修改后，已明确存疑不起诉应予赔偿。

（3）逮捕后判决宣告无罪的。

宣告无罪，是指人民法院根据查明的案件事实、证据和法律规定，确认被告人无罪，或认为证据不足，指控的犯罪不能成立，作出宣告被告人无罪的判决。包括：一审宣告无罪并发生法律效力的；一审宣告无罪，检察机关抗诉或者被告人、自诉人上诉，人民法院二审维持原审人民法院判决并发生法律效力的；一审判决有罪、二审宣告无罪并发生法律效力的，或者二审发回重审，一审重审后宣告无罪并发生法律效力的，等等。逮捕后判决宣告无罪的，如果没有国家免责情形，国家应当承担赔偿责任。

24. 依照审判监督程序再审改判无罪，原判刑罚已经执行的情形下，公民有权取得国家赔偿吗？

审判监督程序是指人民法院、人民检察院对已经发生法律效力的判决和裁定，发现在认定事实或适用法律上确有错误，依法提起并对案件进行重新审判的一种特别审判程序。依照审判监督程序改判无罪，而原判刑罚已经执行的，国家应当承担赔偿责任。

因审判监督程序再审改判的情况有多种，包括有罪改判无罪、重罪改判轻罪、轻罪改判重罪、此罪改判彼罪等，但并不是所有的改判国家都承担赔偿责任，只有再审有罪改作无罪判决的，才属于国家赔偿的范围。重罪改判轻罪的，此罪改判彼罪的，即使被告人因为原判决量刑重于再审改判量刑且已执行，仍不属于国家赔偿的范围。

再审对被告人由有罪改判无罪后，并不是原审所判处的刑罚国家都承担责任，而是对原判刑罚已经执行完毕即实际被羁押的那部分，国家承担赔偿责任，对于原判刑罚尚未执行的部分，国家不承担赔偿责任。这里的刑罚，指剥夺人身自由的刑罚，主要指实际羁押的拘役、有期徒刑和无期徒刑。虽被判处刑罚，但没有被实际羁押的，如管制、有期徒刑缓刑、剥夺政治权利等刑罚被依法改判无罪的，因为没有被剥夺人身自由，亦没有发生侵犯公民人身自由权之损害事实，故不存在国家赔偿问题，但是，判决生效前被羁押的，依法有权取得国家赔偿。

25. 公民生命健康权受侵犯，什么情形下有权取得国家赔偿？

公民生命健康权受侵犯的国家赔偿，包括以下两种情形：

（1）刑讯逼供或者以殴打、虐待等行为或者唆使、放纵他人以殴打、虐待等行为造成公民身体伤害或者死亡的。

刑讯逼供，是指司法人员在办案过程中为逼取口供，对犯罪嫌疑人、被告人使用肉刑或者变相肉刑逼取口供的行为。肉刑主要是指捆绑、悬吊、毒打或者用各种刑具进行肉体摧残。变相肉刑是上述直接伤害身体的肉刑以外的其他对犯罪嫌疑人、被告人身体进行折磨的方法，如长时间的冻饿、站立、不准睡觉等。我国《刑事诉讼法》规定“严禁刑讯逼供和以威胁、引诱、欺骗以及其他非法的方法收集证据”，世界各国的法律也都明确规定禁止使用酷刑。刑讯逼供是司法活动中严重侵犯公民人身权利的违法、犯罪行为，它不仅造成被侵权人人格尊严的极大侮辱、身心健康的极大伤害，还容易导致冤假错案，破坏法治，损毁法律威信。

殴打、虐待等行为，是指司法工作人员在行使职权过程中实施的殴打、捆绑、电击等暴力行为，或不许吃饭、饮水、睡觉以及挨冻、挨晒等其他非暴力行为。

唆使、放纵他人实施殴打、虐待行为，是指司法机关工作人员在执行职务过程中未亲自实施暴力，而是以授意、劝说、怂恿、引诱、放任不管等方法，故意唆使或者放纵他人对犯罪嫌疑人、被告人以及看守所羁押的犯罪嫌疑人、监狱服刑的犯人或者其他公民实施上述殴打、虐待等违法行为。

刑讯逼供或者以殴打、虐待等行为或者唆使、放纵他人以殴打、虐待等行为造成公民身体伤害或者死亡的国家赔偿应注意以下几点：

①刑讯逼供或殴打、虐待的行为主体是司法工作人员，具体指公安机关、安全机关、军队保卫部门、检察机关、审判机关、看守所、监狱管理机关的工作人员，以及接受上述机关委托从事司法职权的人员。他人以殴打、虐待等行为致公民身体伤害或者死亡，国家承担赔偿责任的，必须是该殴打、虐待行为受到司法工作人员的唆使或放纵。

②刑讯逼供的行为或殴打、虐待等行为必须是执行职务行为，与职权行使具有关联性，而非个人行为。只要该行为发生在司法机关工作人员行使职权的过程中，无论是作为行使职权的一种手段，还是假借行使职权的名义实施，国家都应当承担赔偿责任。如果系司法工作人员纯粹的与职权无关的个人行为，则应视侵害的程度由侵害人承担民事责任或刑事责任，国家不承担赔偿责任。

③行为的对象可以是无罪的公民，也可以是刑事案件的犯罪嫌疑人、被告人，甚至是已经定罪判刑的罪犯。公民的生命健康权严格受法律保护，即使是对有罪的公民，也应依法定程序和规定受到法律的处罚和制裁，不能滥用私刑。

④造成了公民身体伤害或者死亡的后果。“造成公民身体伤害或者死亡”中的“伤害”是指损害公民健康权的情况。健康权是指自然人以其身体内部机能以及器官乃至整体的功能利益为内容的权利，损害健康指破坏身体组织的完整性以及损坏人体器官的正常功能。如果司法机关工作人员只是实施了轻微的暴力行

为，仅仅是一般的疼痛，或者仅仅用言词侮辱，没有对公民造成身体伤害或者死亡后果，国家不承担赔偿责任。

（2）违法使用武器、警械造成公民身体伤害或者死亡的。

武器是指司法机关按照规定配备的枪支、弹药等致命性警用器械。警械是指司法机关按照规定装备的警棍、催泪弹、高压水枪、特种防暴枪、手铐、脚镣、警绳、警笛等警用器械。

为维护公共安全和社会秩序，保障司法机关依法行使职权，及时有效地制止违法犯罪行为，保护公民的人身安全和公私财产不受侵犯，法律赋予了司法工作人员佩带和使用武器、警械的权力，司法工作人员在执行拘留、逮捕、押解犯罪嫌疑人、被告人等职务时，可以依照有关规定使用武器和警械。《人民警察法》第10条规定："遇有拒捕、暴乱、越狱、抢夺枪支或者其他暴力行为的紧急情况，公安机关的人民警察依照国家有关规定可以使用武器。"第11条规定："为制止严重违法犯罪活动的需要，公安机关的人民警察依照国家有关规定可以使用警械。"《人民警察使用武器和警械条例》规定了人民警察使用武器、警械的各种情形：第8条规定了可以使用警械的情形；第10条规定了不得使用武器的情形；第11条规定了应当立即停止使用武器的情形。《监狱法》第45条规定了可以使用戒具的情形，第46条规定了可以使用武器的情形。《看守所条例》规定了枪支、戒具的使用条件和方法。从法律的规定可以看出，为了确保司法工作人员不滥用武器、警械，保护公民的人身权不受非法侵犯，法律、法规对司法工作人员可以使用武器、警械的情形、使用方法、对象都作了明确规定，对使用武器、警械的权力进行了必要的限制。依法佩带武器、警械的司法工作人员使用武器、警械应当以能够制止违法犯罪行为为限，尽量减少人员伤亡和财产损害，当违法犯罪行为得到制止时，应当立即停止使用。违反上述规范要求使用武器、警械，即构成违法使用武器、警械。

司法工作人员违法使用武器、警械造成公民身体伤害或者死亡的情形主要包括以下几种：一是司法机关给依法不应配备武器、警械的工作人员配备武器、警械，该工作人员在行使职权过程中使用的；二是不应配备武器、警械的司法工作人员私自携带武器、警械并在行使职权过程中使用的；三是依法配备武器、警械的司法工作人员违反法律、法规的规定，在不应该使用武器、警械的情况下使用武器、警械的。

司法工作人员使用武器和警械，还应适用最高人民法院、最高人民检察院、公安部、国家安全部、司法部联合下发的《关于人民警察执行职务中实行正当防卫的具体规定》，它是规范司法工作人员正确使用武器、警械行为的重要规定，也是界定是否超过必要限度违法使用武器、警械的依据。对防卫超过必要限度造成不应有的伤害时，国家才承担赔偿责任。

对违法使用武器、警械造成公民身体伤害或者死亡的赔偿应注意以下几个方面：一是行为主体必须是行使侦查、检察、审判、监管职权的司法机关工作人员；二是必须是司法机关工作人员行使职权的行为而不是个人行为；三是行为对象可以是犯罪嫌疑人、被告人、罪犯或普通公民；四是使用武器、警械违反了相关法律法规；五是造成了公民身体伤害或者死亡的后果。

26. 在哪些情况下，受害人就财产权受到侵犯有权取得刑事赔偿？

根据《国家赔偿法》第 18 条的规定，行使侦查、检察、审判职权的机关以及看守所、监狱管理机关及其工作人员在行使职权时有下列侵犯财产权情形之一的，受害人有取得赔偿的权利：

（1）违法对财产采取查封、扣押、冻结、追缴等措施的；

（2）依照审判监督程序再审改判无罪，原判罚金、没收财产已经执行的。

修改后的《国家赔偿法》，对于侵害财产权的刑事赔偿，新增加了看守所、监狱管理机关这两个赔偿义务主体。

27. 在哪些情形下国家免除刑事赔偿责任？

根据《国家赔偿法》第19条的规定，属于下列情形之一的，国家不承担赔偿责任：

（1）因公民自己故意作虚伪供述，或者伪造其他有罪证据被羁押或者被判处刑罚的。

（2）依照《刑法》第17条、第18条规定不负刑事责任的人被羁押的。《刑法》第17条、第18条规定，不负刑事责任的人包括以下几类：①犯罪时不满14周岁的；②已满14周岁不满16周岁的人，犯故意杀人、故意伤害致人重伤或者死亡、强奸、抢劫、贩卖毒品、放火、爆炸、投放危险物质罪以外的罪行的；③不能辨认或者不能控制自己行为的精神病人在不能辨认和控制自己行为的时候犯罪的。

（3）依照《刑事诉讼法》第15条、第142条第2款规定不追究刑事责任的人被羁押的。《刑事诉讼法》第15条规定："有下列情形之一的，不追究刑事责任，已经追究的，应当撤销案件，或者不起诉，或者终止审理，或者宣告无罪：（一）情节显著轻微、危害不大，不认为是犯罪的；（二）犯罪已过追诉时效期限的；（三）经特赦令免除刑罚的；（四）依照刑法告诉才处理的犯罪，没有告诉或者撤回告诉的；（五）犯罪嫌疑人、被告人死亡的；（六）其他法律规定免予追究刑事责任的。"《刑事诉讼法》第142条第2款规定："对于犯罪情节轻微，依照刑法规定不需要判处刑罚或者免除刑罚的，人民检察院可以作出不起诉决定。"

（4）行使侦查、检察、审判职权的机关以及看守所、监狱管理机关的工作人员与行使职权无关的个人行为。

（5）因公民自伤、自残等故意行为致使损害发生的。

（6）法律规定的其他情形。

28. 怎样确定刑事赔偿义务机关？

根据《国家赔偿法》的规定，行使侦查、检察、审判职权的机关以及看守所、监狱管理机关及其工作人员在行使职权时侵犯公民、法人和其他组织的合法权益造成损害的，该机关为赔偿义务机关。具体而言，我国的刑事赔偿义务机关的确立可以分为以下几种情形：

（1）对公民采取拘留措施，依照《国家赔偿法》的规定应当给予国家赔偿的，作出拘留决定的机关为赔偿义务机关。

（2）对公民采取逮捕措施后决定撤销案件、不起诉或者判决宣告无罪的，作出逮捕决定的机关为赔偿义务机关。

（3）再审改判无罪的，作出原生效判决的人民法院为赔偿义务机关。

（4）二审改判无罪，以及二审发回重审后作无罪处理的，作出一审有罪判决的人民法院为赔偿义务机关。

（5）刑讯逼供或者以殴打等暴力行为或者违法使用武器、警械造成公民人体伤害或者死亡的，实施上述侵权行为的工作人员所属的机关为赔偿义务机关。

（6）违法对财产采取查封、扣押、冻结、追缴等措施的，实施上述侵权行为的工作人员所属的机关为赔偿义务机关。

（7）依照审判监督程序再审改判无罪，原判没收财产已经执行的，由作出原生效裁判的人民法院作为赔偿义务机关。

我国《国家赔偿法》采用的是以侵权机关为赔偿义务机关的模式，对于侵犯人身自由权的赔偿义务机关则明确了由最后作出侵权决定的司法机关承担全部赔偿责任，对于侵犯生命健康权和财产权的赔偿义务机关仍然坚持适用“谁侵权，谁负责”的原则。

29. 刑事赔偿义务机关有哪些义务?

对刑事赔偿程序符合立案条件的，赔偿义务机关应当予以立案，积极地履行其义务，切实保障刑事赔偿请求人的合法权益，并应给予刑事赔偿请求人恰当的人文关怀，为其行使法律规定的权利提供方便。

赔偿请求人当面提交赔偿申请书及相关材料的，赔偿义务机关应当当场出具格式化、加盖本机关专用印章、注明收讫日期的书面凭证，严格审查赔偿请求人提供的法律文书或材料的真实性及有效性。

对于本机关不负有赔偿义务的，应当告知赔偿请求人向负有赔偿义务的国家机关提出，或者移送负有赔偿义务的国家机关，并通知赔偿请求人。

对于赔偿请求人不具备《国家赔偿法》第 6 条规定条件的，应当告知赔偿请求人；对赔偿请求已过法定时效的，应当告知赔偿请求人已经丧失请求赔偿权。这两种情况下，还要对赔偿请求人做好相关法律法规的解释工作及对赔偿请求人的安抚工作。

对尚未决定撤销案件、不起诉或者判决宣告无罪终止追究刑事责任而请求人身自由权赔偿的，告知赔偿请求人在撤销案件、不起诉或者判决宣告无罪后再申请赔偿。

对没有伤害、死亡鉴定结论、诊断证明而请求生命健康权赔偿的，告知赔偿请求人在获得鉴定结论或诊断证明后再申请赔偿。

对刑事诉讼程序尚未终结而请求财产权赔偿的，告知赔偿请求人在刑事诉讼程序终结后再请求赔偿。

对于材料不齐备的，应当以格式化、加盖本机关专用印章、注明收讫日期的书面凭证，告知赔偿请求人补充有关材料及应当注意的事项和责任。赔偿请求人补充材料确有困难的，如侦查机关在采取强制措施时，没有送达法律文书的，或者赔偿请求人丢失有关法律文书，侦查机关又拒绝补发，影响审查立案的等，可以向赔偿义务机关提出调取材料申请。

对上列事项，均应当场告知刑事赔偿请求人，或在收到赔偿申请之日起 5 日内告知赔偿请求人。

30. 提出刑事赔偿请求后，是否先要由赔偿义务机关确认才能进入赔偿程序？

取消确认程序是《国家赔偿法》修改中对刑事赔偿受理程序的一个重大改革。修改前的《国家赔偿法》对确认程序作了这样的规定："赔偿义务机关对依法确认有本法第十五条、第十六条规定的情形之一的，应当给予赔偿。赔偿请求人要求确认有本法第十五条、第十六条规定情形之一的，被要求的机关不予确认的，赔偿请求人有权申诉。"法律没有明确规定进行"依法确认"的主体，最高人民法院、最高人民检察院、公安部、司法部在《国家赔偿法》实施之初都对"依法确认"作了明确规定。赔偿请求人提出国家赔偿请求，必须先由实施相关司法行为的国家机关，对其行使职权有无侵犯赔偿请求人的人身权、财产权的情形进行确认审查。只有在侵权情形予以确认以后，才能进入赔偿程序，得到国家赔偿。赔偿义务机关作出不予确认决定的，赔偿请求人只能就不予确认的事项向上一级机关提出复议。实践中，有的赔偿义务机关以各种理由不确认或对确认申请拖延不办，这种现象使确认程序成为个人申请赔偿时需跨过的一个很高的"门槛"，群众对此反响十分强烈。确认程序的取消，从程序上简化了赔偿请求的渠道环节，个人申请国家赔偿更加便捷。

修改后的《国家赔偿法》第 22 条规定："赔偿义务机关有本法第十七条、第十八条规定情形之一的，应当给予赔偿。赔偿请求人要求赔偿，应当先向赔偿义务机关提出。赔偿请求人提出赔偿请求，适用本法第十一条、第十二条的规定。”取消了刑事赔偿中的确认程序，明确规定赔偿请求人应先向赔偿义务机关提出请求，义务机关应当在两个月内作出决定，如果没有按照法定期限作出赔偿决定或者请求人对作出的赔偿决定有异议，可以向其上一级机关申请复议。如果对复议结果不服还可以向人民法院赔偿委员会提出赔偿申请。

31. 刑事赔偿的立案条件是什么？

修改后的《国家赔偿法》取消了确认程序后，刑事赔偿的立案不能再以确认为条件了，但并非只要提出赔偿申请就应进入赔偿程序，而应当根据法律修改后的有关规定，确立一定的条件，如作出无罪处理或诉讼终结，从而正确处理赔偿程序与刑事诉讼的关系。根据《国家赔偿法》第 17 条、第 18 条的规定，不同的刑事赔偿申请具有不同的立案条件，即启动条件。这些条件分别是：

（1）依据《国家赔偿法》第 17 条第（一）项、第（二）项规定请求人身自由权赔偿的，已决定撤销案件、不起诉或者判决宣告无罪终止追究刑事责任；

（2）依据《国家赔偿法》第 17 条第（四）项、第（五）项规定请求生命健康权赔偿的，有伤害、死亡鉴定结论或伤情诊断证明；

（3）依据《国家赔偿法》第 18 条第（一）项规定请求财产权赔偿的，刑事诉讼程序已经终结；

（4）依照审判监督程序再审改判无罪，原判刑罚已经执行；

（5）依照审判监督程序再审改判无罪，原判罚金、没收财产已经执行。

此外，还应同时具备以下条件：

（1）被申请机关为赔偿义务机关；

（2）赔偿请求人具备《国家赔偿法》第 6 条规定的条件；

（3）符合《国家赔偿法》第 39 条规定的请求赔偿时效；

（4）请求赔偿的材料齐备。

32. 刑事赔偿程序具体包括哪些方面？

刑事赔偿程序主要包括以下几个方面：

（1）审查。赔偿义务机关收到申请之日后就要对侵权事实和证据进行审查，确定有无侵权行为、侵权损害的种类或者侵权事项、侵权损害的程度或结果，只有确认了这些，刑事赔偿才能正确地进行。

（2）听取意见。赔偿义务机关作出赔偿决定，应当充分听取赔偿请求人的意见。这是赔偿义务机关审查案件必经的程序。

（3）协商。赔偿义务机关可以与赔偿请求人就赔偿方式、赔偿项目和赔偿数额在法律规定的范围内进行协商。

（4）作出决定。《国家赔偿法》第 22 条第 1 款规定：“赔偿义务机关有本法第十七条、第十八条规定情形之一的，应当给予赔偿。”也就是说，只要有规定情形之一，赔偿义务机关就应当予以赔偿。赔偿义务机关应当自收到材料齐全的申请之日起 2 个月内，作出是否赔偿的决定。赔偿义务机关决定赔偿的，应当制作赔偿决定书，并自作出决定之日起 10 日内送达赔偿请求人。也就是接收了材料齐全的赔偿请求之日为审查期间的起算点。

对于赔偿请求，如果赔偿义务机关决定不予赔偿的，应当自作出决定之日起 10 日内书面通知赔偿请求人，并说明不予赔偿的理由。

赔偿义务机关在规定期限内未作出是否赔偿的决定，赔偿请求人可以自期限届满之日起 30 日内向赔偿义务机关的上一级机关申请复议。

赔偿请求人对赔偿的方式、项目、数额有异议的，或者赔偿义务机关作出不予赔偿决定的，赔偿请求人可以自赔偿义务机关作出赔偿或者不予赔偿决定之日起 30 日内，向赔偿义务机关的上一级机关申请复议。赔偿义务机关是人民法院的，赔偿请求人可以依法向其上一级人民法院赔偿委员会申请作出赔偿决定。

33. 《国家赔偿法》对侵犯人身自由权的赔偿标准是如何规定的？

《国家赔偿法》第 33 条规定："侵犯公民人身自由的，每日赔偿金按照国家上年度职工日平均工资计算。"

日平均工资，以年平均工资除以全年法定工作日数的方法计算。年平均工资以国家统计局公布的数字为准。上年度是指作出赔偿决定时的上年度，而不是侵权行为发生时的上年度。复议机关或者人民法院赔偿委员会决定维持原赔偿决定的，按作出原赔偿决定时的上年度执行。需要指出的是，侵犯人身自由权赔偿的计算标准是平均工资，而不是平均收入。

34. 《国家赔偿法》对侵犯生命健康权的赔偿标准是如何规定的？

根据《国家赔偿法》第 34 条的规定，侵犯公民生命健康权的，赔偿金按照下列规定计算：

（1）造成身体伤害的，应当支付医疗费、护理费，以及赔偿因误工减少的收入。减少的收入每日的赔偿金按照国家上年度职工日平均工资计算，最高额为国家上年度职工年平均工资的 5 倍。

（2）造成部分或者全部丧失劳动能力的，应当支付医疗费、护理费、残疾生活辅助具费、康复费等因残疾而增加的必要支出和继续治疗所必需的费用，以及残疾赔偿金。残疾赔偿金根据丧失劳动能力的程度，按照国家规定的伤残等级确定，最高不超过国家上年度职工年平均工资的20倍。造成全部丧失劳动能力的，对其扶养的无劳动能力的人，还应当支付生活费。

（3）造成死亡的，应当支付死亡赔偿金、丧葬费，总额为国家上年度职工年平均工资的20倍。对死者生前扶养的无劳动能力的人，还应当支付生活费。

上述第（2）项、第（3）项中生活费的发放标准，参照当地最低生活保障标准执行。被扶养的人是未成年人的，生活费给付至18周岁止；其他无劳动能力的人，生活费给付至死亡时止。

此外，因上述侵犯生命健康权的行为致人精神损害的，应当在侵权行为影响的范围内，为受害人消除影响，恢复名誉，赔礼道歉；造成严重后果的，应当支付相应的精神损害抚慰金。

35.《国家赔偿法》对侵犯财产权的赔偿标准是如何规定的？

《国家赔偿法》第36条的规定，侵犯公民、法人和其他组织的财产权造成损害的，按照下列规定处理：

（1）处罚款、罚金、追缴、没收财产或者违法征收、征用财产的，返还财产；

（2）查封、扣押、冻结财产的，解除对财产的查封、扣押、冻结，造成财产损坏或者灭失的，依照以下第（3）项、第（4）项的规定赔偿；

（3）应当返还的财产损坏的，能够恢复原状的恢复原状，不能恢复原状的，按照损害程度给付相应的赔偿金；

（4）应当返还的财产灭失的，给付相应的赔偿金；

（5）财产已经拍卖或者变卖的，给付拍卖或者变卖所得的价款；变卖的价款明显低于财产价值的，应当支付相应的赔偿金；

（6）吊销许可证和执照、责令停产停业的，赔偿停产停业期间必要的经常性费用开支；

（7）返还执行的罚款或者罚金、追缴或者没收的金钱，解除冻结的存款或者汇款的，应当支付银行同期存款利息；

（8）对财产权造成其他损害的，按照直接损失给予赔偿。

四、精神损害赔偿

1. 什么是精神损害赔偿？精神损害赔偿具有哪些特征？

所谓精神损害赔偿，是指公民因人格权受到不法侵害而导致精神痛苦，因此要求侵害人以一定数额的金钱对受害人予以抚慰的法律制度。

精神损害赔偿，具有以下三个特征：

（1）公民的人格权受到不法侵害，这是适用精神损害赔偿的前提条件。从我国《民法通则》的立法精神和近年来司法机关的司法解释来看，只有当公民的人格权如生命健康权、姓名权、名誉权、荣誉权、肖像权、人格尊严、自由、隐私权、贞操权等受到不法侵害时，才有权主张精神损害赔偿。对于因侵害合同债权、物权，甚至身份权所导致的精神痛苦，都不允许受害人获得精神损害赔偿。

（2）由于侵害人格权的行为导致受害人产生精神痛苦是精神损害赔偿的基本条件。仅有人格受侵害的事实，而无精神痛苦的损害后果，受害人也不能主张精神损害赔偿，而只能诉请人民法院责令侵害人承担其他民事责任。侵害公民人格权的不法行为，不仅会造成受害人财产利益的损失，而且往往会使受害人的精神生活受到极大伤害，产生生理上、心理上的精神痛苦，如愤怒、绝望、不安、自卑等不良情绪，严重影响其正常的生活条件和生活环境，甚至丧失生存信心和生活乐趣，在对生命健康权的侵犯中这种损害结果更加常见。精神损害虽是受害人的一种心理和生理的感受，但由于这种损害结果是客观的、显而易见的，并可以通过受害人的行为方式和生活习惯的改变体现出来，正视这种精神损害的存在并以此作为确认侵害人应当承担的赔偿责任的依据，在精神损害赔偿纠纷案件中就成了一个十分重要的条件。

（3）精神损害赔偿以一定数额的金钱对受害人予以抚慰为目的。由于侵害人的侵害公民人格权的行为使受害人遭受了精神痛苦，这种精神上的痛苦是无法用金钱赔偿的，但如果仅仅责令侵害人承担其他民事责任，虽然可以对侵害人起到一定的惩罚作用，但对受害人来讲却缺乏有效的法律救济措施。对受害人因侵害人的侵害行为所遭受的精神痛苦视而不见，对受害人来讲显然不公平。如果责令侵害人对受害人所遭受的精神痛苦给予一定数额的金钱予以补偿，虽然不能使受害人的人格回复到未受侵害的圆满状态，但由于金钱代表一定的物质财富，既能使侵害人因此承受经济上的惩罚，又能给受害人带来物质上的利益和生活上的方便，使其得到抚慰，重新树立生活信心，减轻精神痛苦，并从精神痛苦中解脱出来，金钱的这种抚慰功能是其他民事责任方式所不具有的，也是对公民人格权保护的更有效的措施。

2. 我国《民法通则》及最高人民法院有关司法解释中有关精神损害赔偿的规定有哪些？

《民法通则》及最高人民法院的司法解释中涉及侵害公民人格权的精神损害赔偿的规定有：

（1）《民法通则》第120条规定："公民的姓名权、肖像权、名誉权、荣誉权受到侵害的，有权要求停止侵害，恢复名誉，消除影响，赔礼道歉，并可以要求赔偿损失。法人的名称权、名誉权、荣誉权受到侵害的，适用前款规定。"

（2）《最高人民法院关于审理名誉侵权案件若干问题的解答》第10条规定："公民、法人因名誉权受到侵害要求赔偿的，侵权人应赔偿侵权行为造成的经济损失；公民并提出精神损害赔偿要求的，人民法院可根据侵权人的过错程度、侵权行为的具体情节、给受害人造成精神痛苦的后果等情况酌定。”

（3）《精神损害赔偿司法解释》中所明确的各项具体内容。

上述三方面的规定，为侵害公民人格权给予精神损害赔偿提供了明确的法律依据。

3.《消费者权益保护法》中对精神损害赔偿是怎样规定的？

我国消费者权益保护法对精神损害赔偿问题从两个方面作了规定：

（1）造成消费者伤害或者死亡的精神损害赔偿。《消费者权益保护法》第41条规定：“经营者提供商品或者服务，造成消费者或者其他受害人人身伤害的，应当支付医疗费、治疗期间的护理费、因误工减少的收入等费用，造成残疾的，还应当支付残疾者生活自助具费、生活补助费、残疾赔偿金以及由其扶养的人所必需的生活费等费用。”第42条规定：“经营者提供商品或者服务，造成消费者或者其他受害人死亡的，应当支付丧葬费、死亡赔偿金以及由死者生前扶养的人所必需的生活费等费用。”这两条中所规定的残疾赔偿金和死亡赔偿金，实际上就是造成消费者伤害或者死亡的精神损害赔偿金。

（2）侵犯消费者人格尊严或者人身自由权的精神损害赔偿。《消费者权益保护法》第25条规定：“经营者不得对消费者进行侮辱、诽谤，不得搜查消费者的身体及其携带的物品，不得侵犯消费者的人身自由。”第43条规定：“经营者违反本法第二十五条规定，侵害消费者的人格尊严或者侵犯消费者人身自由的，应当停止侵害、恢复名誉、消除影响、赔礼道歉，并赔偿损失。”该条中的“损失”，包括给消费者造成的精神损害的损失，是消费者请求精神损害赔偿的法律依据。

4. 自然人因为哪些侵权损害，可以要求精神损害赔偿？

根据《精神损害赔偿司法解释》第1条的规定，自然人因下列人格权利遭受非法侵害，向人民法院起诉请求赔偿精神损害的，人民法院应当依法予以受理：

（1）生命权、健康权、身体权；

（2）姓名权、肖像权、名誉权、荣誉权；

（3）人格尊严权、人身自由权。

违反社会公共利益、社会公德，侵害他人隐私或者其他人格利益，受害人以侵权为由向人民法院起诉请求赔偿精神损害的，人民法院应当依法予以受理。

5. 人身权受到侵害后是否可以要求精神损害赔偿？

根据《精神损害赔偿司法解释》的规定，自然人因生命权、健康权、身体权等人格权利遭受非法侵害，向人民法院起诉请求赔偿精神损害的，人民法院应当依法予以受理。但该解释第8条同时规定，因侵权致人精神损害，但未造成严重后果，受害人请求赔偿精神损害的，一般不予支持，人民法院可以根据情形判令侵权人停止侵害、恢复名誉、消除影响、赔礼道歉。因侵权致人精神损害，造成严重后果的，人民法院除判令侵权人承担停止侵害、恢复名誉、消除影响、赔礼道歉等民事责任外，可以根据受害人一方的请求判令其赔偿相应的精神损害抚慰金。可见，只有因侵权造成严重后果的情形下，法院才会支持被侵害人一方的精神损害赔偿请求。

不过，对于因被告人的犯罪行为造成精神损害而提起精神损害赔偿的，人民法院不予受理。《最高人民法院关于刑事附带民事诉讼范围问题的规定》第1条第2款规定，对于被害人因犯罪行为遭受精神损害而提起附带民事诉讼的，人民法院不予受理。2002年7月15日发布的《最高人民法院关于人民法院是否受理刑事案件被害人提起精神损害赔偿民事诉讼问题的批复》，对当事人通过另行提起民事诉讼程序来要求精神损害赔偿也给予了否定的回答。该批复就云南省高级法院《关于人民法院是否受理被害人就刑事犯罪行为单独提起的精神损害赔偿民事诉讼的请示》，经研究答复如下："根据刑法第三十六条和刑事诉讼法第七十七条以及我院《关于刑事附带民事诉讼范围问题的规定》第一条第二款的规定，对于刑事案件被害人由于被告人的犯罪行为而遭受精神损失提起的附带民事诉讼，或者在该刑事案件审结以后，被害人另行提起精神损害赔偿民事诉讼的，人民法院不予受理。"

可见，对于不构成犯罪的侵权行为造成当事人精神损害的，当事人可以提出精神损害赔偿请求，法院会受理；但是对于严重的侵权行为——犯罪造成当事人精神损害的，法院不受理此类诉讼请求。虽然这种法律规定是自相矛盾的，也是不科学的，但在法律未作修订之前，我们也只能无奈地接受这一现实。

6. 名誉权受到侵害能否要求精神损害赔偿？

名誉，是社会或他人对特定公民或者法人的品德、才干、信誉、声誉、形象、资历、功绩等各方面的综合评价。名誉的好坏直接关系到民事主体的社会地位和个人的尊严，并可能对其参与的民事活动以及其他社会活动产生直接或间接的影响。《民法通则》第101条规定："公民、法人享有名誉权，公民的人格尊严受法律保护，禁止用侮辱、诽谤等方式损害公民、法人的名誉。"《精神损害赔偿司法解释》第1条第（二）项规定，自然人因名誉权遭受非法侵害，可以向人民法院起诉请求精神损害赔偿。

侵害名誉权的方式包括网络侵权、媒体侵权等。现实生活中，受害人由于名誉权受到侵害的，可以向侵权人要求精神损害赔偿。

7. 隐私权受到侵害能否要求精神损害赔偿？

隐私权，是自然人享有的对与公共利益、群体利益无关的个人信息、私人活动和私有领域进行支配的具体人格权。隐私权的主体只能是自然人，隐私权的内容包括私人活动、个人信息和个人领域的相关信息，除非为了公共利益的需要，如涉嫌贪污、受贿等财产犯罪的行为人个人财产状况、储蓄情况等，才能在一定范围内被公开。

侵害隐私权作为民事侵权行为需要具备四个要件：一是侵权行为有侵害他人隐私权的具体加害行为。如宣扬、公布、披露、侵入侵扰、监听他人隐私等。二是受害人受到了损害。受害人的隐私因被他人知悉而会产生羞辱、痛苦、焦躁、忧虑等不正常的心理情绪，这种损害主要是精神层面的损害。当然，侵害隐私权有时也会造成财产损失，如受害人因其隐私被披露而被辞退，以及因精神痛苦而进行治疗所造成的财产损失。三是侵权行为和受害人的损害后果之间存在因果关系。四是侵权行为人在主观上存在过错。即侵权行为人在主观上必须具有故意或者过失。

根据《精神损害赔偿司法解释》第 1 条第 2 款的规定，违反社会公共利益、社会公德侵害他人隐私或者其他人格利益，受害人以侵权为由向人民法院起诉请求赔偿精神损害的，人民法院应当依法予以受理。因此，隐私权受到侵害的受害人可以向侵权人要求精神损害赔偿。

8. 非法使被监护人脱离监护，监护人有权请求精神损害赔偿吗？

《精神损害赔偿司法解释》第 2 条规定：“非法使被监护人

脱离监护，导致亲子关系或者近亲属间的亲属关系遭受严重损害，监护人向人民法院起诉请求赔偿精神损害的，人民法院应当依法予以受理。”据此规定，非法使被监护人脱离监护，如果造成了亲子关系或者近亲属之间的亲属关系严重损害的，监护人有权向人民法院起诉请求侵权人赔偿精神损害，人民法院应当依法予以受理。

9. 对哪些侵害死亡人的行为，死亡人的近亲属有权请求赔偿精神损害？

根据《精神损害赔偿司法解释》第3条的规定，自然人死亡后，其近亲属因下列侵权行为遭受精神痛苦，向人民法院起诉请求赔偿精神损害的，人民法院应当依法予以受理：

（1）以侮辱、诽谤、贬损、丑化或者违反社会公共利益、社会公德的其他方式，侵害死者姓名、肖像、名誉、荣誉；

（2）非法披露、利用死者隐私，或者以违反社会公共利益、社会公德的其他方式侵害死者隐私；

（3）非法利用、损害遗体、遗骨，或者以违反社会公共利益、社会公德的其他方式损害遗体、遗骨。

10. 因侵权行为造成特定纪念品灭失也能引起精神损害赔偿吗？

《精神损害赔偿司法解释》第4条规定：“具有人格象征意义的特定纪念品，因侵权行为而永久性灭失或者毁损，物品所有人以侵权为由，向人民法院起诉请求赔偿精神损害的，人民法院应当依法予以受理。”

据此规定，因侵权行为造成他人具有人格象征意义的特定纪念品永久性灭失或者毁损的，可以引起精神损害赔偿纠纷，该纪念品的所有人有权向人民法院请求其赔偿精神损失。

11. 因侵权致人精神损害的民事责任方式有哪些?

根据《精神损害赔偿司法解释》第 8 条的规定，因侵权致人精神损害的，承担民事责任的方式应当根据造成的精神损害的严重程度来具体确定:

(1) 因侵权致人精神损害，但未造成严重后果，受害人请求赔偿精神损害的，一般不予支持，人民法院可以根据情形判令侵权人停止侵害、恢复名誉、消除影响、赔礼道歉。

(2) 因侵权致人精神损害，造成严重后果的，人民法院除判令侵权人承担停止侵害、恢复名誉、消除影响、赔礼道歉等民事责任外，可以根据受害人一方的请求判令侵权人赔偿相应的精神损害抚慰金。

12. 在哪些情况下受害人起诉请求赔偿精神损害，人民法院不予受理?

根据《精神损害赔偿司法解释》第 5 条和第 6 条的规定，在下面两种情况下，当事人向人民法院起诉请求致害人赔偿精神损害，人民法院不予受理:

(1) 法人或者其他组织以人格权利遭受侵害为由，向人民法院起诉请求赔偿精神损害的;

(2) 当事人在侵权诉讼中没有提出赔偿精神损害的诉讼请求，诉讼终结后又基于同一侵权事实另行起诉请求赔偿精神损害的。

13. 在精神损害赔偿案件中，具体应怎样确定赔偿数额?

根据《精神损害赔偿司法解释》第10 条的规定，人民法院在审理精神损害赔偿案件时，法官在遵循确定精神损害赔偿金的基本原则的前提下，应当综合考虑案件的有关具体因素，一方面要考虑受害人的精神痛苦程度、家庭经济状况，从而使受害人通过赔偿金获得最大程度的抚慰；另一方面也要体现赔偿金的惩罚功能，既考虑侵权行为的性质、情节、过错等因素，还必须考虑侵害所造成的社会影响等。具体而言，应依据以下因素综合判定：

（1）侵权人的过错程度，法律另有规定的除外。过错是侵权民事责任的构成要件之一。在精神损害赔偿案件中，区分过错程度对于确定赔偿金数额具有特别重要的意义。一般来说，故意或者重大过失的侵害使受害人产生的怨恨深、痛苦大，精神损害严重；一般或者轻微过失的侵害，给受害人造成的精神损害相对小一些，也比较容易宽恕或者达成谅解。因此，在确定精神损害赔偿金数额时，侵权人的过错程度应当作为一个重要参考因素加以考虑。

（2）侵害的手段、场合、行为方式等具体情节。这里所说的侵权的具体情节，包括：侵权的手段，行为的方式、方法，侵权的场合和次数，侵权持续的时间等。侵权人侵权的具体情况不同，能够反映出侵权人的主观恶性程度和社会危害性大小不同，对受害人所造成的精神损害也会有所不同，在确定精神损害赔偿金数额时，属于不能忽视的因素。

（3）侵害行为所造成的后果。侵害行为所造成的后果，就是受害人的精神损害程度。受害人精神损害的程度，是法官在确定精神损害赔偿金时应当首先考虑的因素。由于精神损害赔偿是对公民人格权遭受不法侵害而导致的精神痛苦的一种法律救济，是对受害人生理上、心理上产生的精神痛苦的抚慰，所以这种赔偿金的数额至少应当能使受害人得到心理上的基本满足和平衡。法官在确定这一数额时，只有充分考虑受害人所遭受的精神痛苦，并结合其他因素来确定赔偿金数额，才能保证所作出的判决公正、合法、合理。

(4) 侵权人的获利情况。在侵权损害纠纷案件中，有相当的案件都是侵权人出于营利或者牟利的目的实施的，中间不容忽视地存在着经济利益的驱动。侵权人获利的多少，本身就在一定程度上说明了侵权的轻重。从这一角度说，侵权人因侵权获利多的，在确定精神损害赔偿数额时，就应当高些；如果尚未获利或者获利很少，那么精神损害赔偿金的数额则可相对少些。

(5) 侵权人承担责任的能力。如果精神损害赔偿金数额超过了侵权人的承受能力，就会导致由于侵权人没有实际执行能力而难以执行的局面。在具体确定赔偿金数额时，应注意区分侵权人是自然人还是法人，是以营利为目的还是不以营利为目的。如果是法人侵权或者是以营利为目的侵权，则应当在侵权人承担责任能力的范围内考虑多增加赔偿金数额；反之，则应适当酌减。当然，从受害人角度说，经济状况好的，正常确定赔偿金数额就可以了；如果受害人的经济状况较差，则赔偿金数额可适当高些。

(6) 受诉法院所在地平均生活水平。在侵权损害造成受害人精神损害的案件中，除了要考虑上面提到的各种因素来确定精神损害赔偿金的数额，同时还应考虑受理案件的人民法院所在地的平均生活水平。通常情况下，侵权人和受害人往往在同一地区，受诉法院所在地平均生活水平，接近于当地的平均生活水平，依据这种标准确定赔偿数额，就可以在当地基本生活标准的基础上，使受害人的合法权益得到切实的维护，同时又使人民法院的判决能够切实执行。

除了以上6个方面应当考虑的因素之外，侵权人的认错态度也是一个可以考虑的因素。如果侵权行为发生后，侵权人态度恶劣，甚至继续对加害人实施侵权行为，就会进一步加重受害人所遭受的精神痛苦的程度，受害人也往往很难对其宽恕和谅解，在这种情况下，就应当加重对侵权人的制裁，精神损害赔偿金的数额也应适当高些。如果侵权人能够深刻反省自己的侵权行为，诚恳地向受害人表示歉意，使受害人的心理得到一定的抚慰，精神痛苦随之减轻，在确定精神损害赔偿金时就可以酌情减少赔偿金的数额。

此外，《精神损害赔偿司法解释》第 10 条第 2 款还规定，法律、行政法规对残疾赔偿金、死亡赔偿金等有明确规定的，适用法律、行政法规的规定。

14. 因侵权致人死亡的，受害人的近亲属能否同时主张死亡赔偿金和精神抚慰金？

要回答这一问题，首先要明确死亡赔偿金和精神抚慰金的性质。《精神损害赔偿司法解释》第 9 条规定："精神损害抚慰金包括以下方式：（一）致人残疾的，为残疾赔偿金；（二）致人死亡的，为死亡赔偿金；（三）其他损害情形的精神抚慰金。"可见，该司法解释将死亡赔偿金作为精神损害抚慰金的一种，如果按照这个司法解释，受害人的近亲属是不能同时主张死亡赔偿金和精神抚慰金的。

上述司法解释是 2001 年颁布实施的，2004 年《人身损害赔偿司法解释》第 17 条第 3 款规定："受害人死亡的，赔偿义务人除应当根据抢救治疗情况赔偿本条第一款规定的相关费用外，还应当赔偿丧葬费、被扶养人生活费、死亡补偿费以及受害人亲属办理丧葬事宜支出的交通费、住宿费和误工损失等其他合理费用。"第 18 条规定："受害人或者死者近亲属遭受精神损害，赔偿权利人向人民法院请求赔偿精神损害抚慰金的，适用《最高人民法院关于确定民事侵权精神损害赔偿责任若干问题的解释》予以确定。"从这个司法解释来看，死亡赔偿金的性质确定为收入损失的赔偿，而不是为了填补、抚慰家属失去亲人遭受的痛苦和对其精神上的补偿，即并不是精神抚慰金。该解释第 36 条第

2 款规定："在本解释公布施行之前已经生效施行的司法解释，其内容与本解释不一致的，以本解释为准。"也就是说，新法优于旧法。据此，对于受害人死亡的案件，受害人的近亲属在领取死亡赔偿金后，还可以要求精神损害赔偿。

五、损害赔偿的项目和数额计算

1. 侵犯公民人身权应承担哪些赔偿责任？

以往，我国法律有关公民人身权受到损害时应该得到的赔偿规定得比较分散，自 2010 年 7 月 1 日起施行的《侵权责任法》是有关侵权损害赔偿的最新法律规定。

该法第 16 条规定，侵害他人造成人身损害的，应当赔偿医疗费、护理费、交通费等为治疗和康复支出的合理费用，以及因误工减少的收入。造成残疾的，还应当赔偿残疾生活辅助具费和残疾赔偿金。造成死亡的，还应当赔偿丧葬费和死亡赔偿金。

第 19 条规定，侵害他人财产的，财产损失按照损失发生时的市场价格或者其他方式计算。

第 20 条规定，侵害他人人身权益造成财产损失的，按照被侵权人因此受到的损失赔偿；被侵权人的损失难以确定，侵权人因此获得利益的，按照其获得的利益赔偿；侵权人因此获得的利益难以确定，被侵权人和侵权人就赔偿数额协商不一致，向人民法院提起诉讼的，由人民法院根据实际情况确定赔偿数额。

第 22 条规定，侵害他人人身权益，造成他人严重精神损害的，被侵权人可以请求精神损害赔偿。

2. 身体受到伤害所造成的损失有哪些？

身体受到伤害所造成的损失有以下几个方面：

（1）医疗费损失。即为治疗人身损害而支付的金钱，这是身体受到伤害直接造成的财产损失结果。

(2) 误工费损失。受害人遭到人身损害，不能正常进行以前所进行的工作，就会造成工资、收入等方面的损害。

(3) 住院伙食费和营养费损失。人身遭受损害以后，有的需要住院治疗，在住院期间，要增加伙食费上的支出，有些特别的人身损害，还要增加必要的营养，因此要增加营养费的支出。这些损失，也是侵害健康权所造成的财产损失后果，是侵害健康权的直接损害后果。

(4) 护理费损失。受害人遭受人身损害之后，如果行动不能自理，需要有人进行护理的，就要增加护理费。

3. 受害人治疗伤害过程中的住院伙食费数额如何计算?

受害人遭受人身损害需要住院的，在住院期间支出一定的伙食补助费是必需的。《人身损害赔偿司法解释》第23条规定："住院伙食补助费可以参照当地国家机关一般工作人员的出差伙食补助标准予以确定。受害人确有必要到外地治疗，因客观原因不能住院，受害人本人及其陪护人员实际发生的住宿费和伙食费，其合理部分应予赔偿。"

按照上述规定，住院伙食补助费的赔偿标准和计算方法是：

一般原则是参照国家机关一般工作人员出差伙食补助标准确定。这样的标准是基本可行的。如果受害人伤势严重，根据医疗单位的意见，可以适当高于这个标准计算赔偿数额。

到外地治疗，不能住院的，受害人本人及其陪护人员实际发生的住宿费、伙食费，合理部分应当赔偿。关于住宿费赔偿，是对受害人在治疗期间需要住宿，以及护理人员需要住宿，实际支出的住宿费的赔偿。这里不仅仅是对需要去外地治疗的要赔偿住宿费，就是在本地治疗，确需住宿的，也应当赔偿。

4. 受害人的营养费应当怎样赔偿？

《人身损害赔偿司法解释》第 24 条规定："营养费根据受害人伤残情况参照医疗机构的意见确定。"

按照该条规定，关于营养费的赔偿标准和计算方法是：根据伤残情况和医疗机构的意见确定，一般说来，凡是受害人的伤势较重的，都应当赔偿适当的营养费 。医疗单位认为或者根据实际情况判断有必要补充营养的，可以按照适当的标准确定。

5. 受害人死亡的，如何确定丧葬费的数额？

根据《人身损害赔偿司法解释》第 27 条的规定，丧葬费按照受诉法院所在地上一年度职工月平均工资标准，以 6 个月总额计算。

在原来的司法实践中，丧葬费的赔偿采用具体标准，就是损失多少赔偿多少。按照现行规定，丧葬费赔偿标准采用统一的计算方法和赔偿标准，就是受诉法院所在地上一年度职工月平均工资的 6 倍。这个方法简单明了，便于计算和操作，对受害人的保护也较为妥当。

6. 残疾赔偿金如何确定？

因他人的侵权行为致残的伤残者有获得残疾赔偿金的权利。残疾赔偿金根据受害人丧失劳动能力程度或者伤残等级，按照受诉法院所在地上一年度城镇居民人均可支配收入或者农村居民人均纯收入标准，自定残之日起按 20 年计算。但 60 周岁以上的，年龄每增加一岁减少一年；75 周岁以上的，按 5 年计算。

司法实践中，具体的做法是根据伤残等级确定相应的赔偿系数，然后根据受害人的年龄确定赔偿年限及赔偿总额，用赔偿总额乘以赔偿系数即为赔偿给伤残者的残疾赔偿金，具体公式如下：

残疾赔偿金 = 上一年度城镇居民人均可支配收入（农村居民人均纯收入）×赔偿年限×赔偿系数

伤残者丧失劳动能力的程度分为十个等级，每一级以10%的比例依次递减作为赔偿系数。如评定为伤残一级，自定残之日起全额赔偿，评定为伤残二级，自定残之日起赔偿90%，依此类推。城镇居民人均可支配收入、农村居民人均纯收入，按照政府统计部门公布的各省、自治区、直辖市以及经济特区和计划单列市上一年度相关统计数据确定。上一年度，是指一审法庭辩论终结时的上一统计年度。

此外，需注意的是，受害人因伤致残但实际收入没有减少，或者伤残等级较轻但造成职业妨害严重影响其劳动就业的，可以对残疾赔偿金作相应调整。

7. 死亡赔偿金如何确定？

死亡赔偿金按照受诉法院所在地上一年度城镇居民人均可支配收入或者农村居民人均纯收入标准，按20年计算。但60周岁以上的，年龄每增加一岁减少一年；75周岁以上的，按5年计算。

赔偿权利人举证证明其住所地或者经常居住地城镇居民人均可支配收入或者农村居民人均纯收入高于受诉法院所在地标准的，死亡赔偿金可以按照其住所地或者经常居住地的相关标准计算。一般而言，死亡赔偿金应由死者的继承人或依照《继承法》享有继承权的人领取，如没有上述人员，其他人员不得主张死亡赔偿金。

8. 残疾辅助器具费如何确定？

受害人致残后，为使受害人能够恢复部分生活自理能力，参加力所能及的生产劳动，就有必要根据残疾者的具体情况和实际需要配备一些辅助用具，如轮椅、假肢等，伤残人因残疾需要配制补偿功能的器具费用叫残疾辅助器具费。根据《人身损害赔偿司法解释》的规定，残疾辅助器具费按照普通适用器具的合理费用标准计算。伤情有特殊需要的，可以参照辅助器具配制机构的意见确定相应的合理费用标准。辅助器具的更换周期和赔偿期限参照配制机构的意见确定。

9. 医疗费如何确定?

医疗费根据医疗机构出具的医药费、住院费等收款凭证，结合病历和诊断证明等相关证据确定。赔偿义务人对治疗的必要性和合理性有异议的，应当承担相应的举证责任。

医疗费的赔偿数额，按照一审法庭辩论终结前实际发生的数额确定。器官功能恢复训练所必要的康复费、适当的整容费以及其他后续治疗费，赔偿权利人可以待实际发生后另行起诉。但根据医疗证明或者鉴定结论确定必然发生的费用，可以与已经发生的医疗费一并予以赔偿。

10. 人身损害赔偿中护理费的费用如何确定?

护理费是受害人因遭受人身损害，生活无法自理，需要他人护理而支出的费用。护理费可以在受害人治疗期间发生，也可以在伤情治愈后的康复期间发生，还可以是受害人因残疾而永久性地丧失生活自理能力、需要他人持续的帮助而发生。同时，无论是聘请专门从事护理工作的人员（护工）的护理费，还是雇佣其他人进行护理的护理费，抑或是受害人的亲属或者配偶进行护理的护理费，都应当给予赔偿。

护理费赔偿金额计算公式分为两种情况：

护理人员有固定收入的：护理费赔偿金额=护理人员的误工

费（误工费的计算参照后文）

护理人员没有固定收入或者雇佣护工的：护理费赔偿金额＝当地同级别护理劳动报酬（元/天）×护理期限

护理人数原则上为一人，在特定情形下可以多于一人，具体可以根据医疗机构或者鉴定机构的明确意见来确定护理人员人数。此外，护理期限、护理级别等都由医疗机构出具的证明决定，护理级别发生变动的，也要由治疗机构根据情况来决定。

11. 误工时间怎样计算？

误工的时间基本上包括受伤害后治疗时间、医嘱休息时间、住院时间三部分，然后根据这个总和来计算误工时间。对于受伤后治愈的情形，误工时间通常根据受害人接受治疗的医疗机构出具的证明确定，一般至治愈时为止；对于受害人因伤害行为致残而导致持续误工的，误工时间应从受到伤害耽搁工作之日起计算至定残日的前一天，因为，通常定残只能等到治疗终结时才可以做，也意味着此时当事人的身体状况基本上已经可以确定，治疗已经终结。对于因伤害导致伤残，影响受害人治疗结束以后的工作能力，影响受害人的未来收入的赔偿部分，以伤残赔偿金的方式进行给付，而不再单独计算。

12. 误工费的数额如何确定？

误工费是指赔偿义务人应当向赔偿权利人支付的受害人从遭受伤害到治愈或者定残这一期间，因无法从事正常的工作或者劳动而实际减少的收入。误工费是对受害人所失利益的赔偿，其数额的确定应根据《人身损害赔偿司法解释》的规定。该解释中区分了有固定收入和无固定收入两种不同情况的误工费用。

对于有固定收入的，只要能证明自己的收入状况，损失多少赔多少，即采取的是以实际减少的收入为赔偿依据的差额赔偿原则。

对于无固定收入的又区分为两种情况：首先，受害人能证明其最近3年的平均收入状况的，按最近3年的平均收入水平计算。其次，对于受害人不能证明的，以相同或相近行业的上一年度职工的平均工资计算，这是考虑社会公正性的补充的补偿计算方式，即采用的是以社会通常标准来估计损失的定型化赔偿原则。所谓相同相近行业的判断标准，以受诉法院所在的省、自治区、直辖区为判断标准。最后，对于无固定收入且不能证明最近3年的平均收入，又不能证明其所从事的行业，但其确有劳动能力的，其误工费的计算标准可以参照上一年度最低工资标准计算。以下为计算公式：

(1) 有固定收入的：误工费赔偿金额=误工收入（元/天）×误工时间（天）。

(2) 无固定收入，但受害人能够举证证明其最近3年的平均收入状况的：误工费赔偿金额=受害人最近3年平均收入（元/天）×误工时间（天）。

(3) 无固定收入，且不能够举证证明其最近3年的平均收入状况的：误工费赔偿金额=相同或相近行业上一年职工平均工资（元/天）×误工时间（天）。

13. 追偿误工费需提供哪些证明?

误工费通常包括工资、奖金、津贴、课酬等，既包括全日制工作收入，也包括兼职工作收入，关键在于证明问题。因为具体主张多少误工损失，要由受害人来证明误工的天数和误工的工资。如果不能证明误工工资，则依法律的相关规定赔偿。收入状况的证明包括纳税凭证、工资单、单位出具的证明等。其中，纳税凭证和工资单的效力更高；对于单位出具的证明，被告可能会认为单位与受害人有利害关系，提出异议，但是在没有其他证据的情况下，法院通常会对此证明给予充分的考虑，这个证据对受害人来讲也相对容易提供。老板不愿意提供工资证明，自已又无法举证的，可以申请法院去公司调查；公司不正规，没有相应记载的，则视为没有固定收入，只能比照无固定收入的情形来计算。

14. 人身损害赔偿应否包括死者子女上大学的费用？

根据《人身损害赔偿司法解释》第 28 条的规定，被扶养人生活费根据扶养人丧失劳动能力程度，按照受诉法院所在地上一年度城镇居民人均消费性支出和农村居民人均年生活消费支出标准计算。被扶养人为未成年人的，计算至 18 周岁。因此，致害人对受害人的子女的抚养费，应到 18 周岁止，至于其上大学的费用，应不包括在抚养费的范围之内。

15. 残疾赔偿金、辅助器具费等赔偿费用能否分期给付？

残疾赔偿金、辅助器具费、被扶养人的生活费等费用，原则上应当一次性给付，但在特殊情况下，赔偿义务人请求以定期金方式给付的，人民法院经过审查后也可以允许。不过赔偿义务人应当提供相应的担保。人民法院可以根据赔偿义务人的给付能力和提供担保的情况，确定以定期金方式给付相关费用。但一审法庭辩论终结前已经发生的费用、死亡赔偿金以及精神损害抚慰金，应当一次性给付。

人民法院应当在法律文书中明确定期金的给付时间、方式以及每期给付标准。执行期间有关统计数据发生变化的，给付金额应当适时进行相应调整。

定期金按照赔偿权利人的实际生存年限给付，不受有关赔偿期限的限制。

16. 超过法院确定的赔偿期限，受害人可以向法院起诉请求继续给付吗？

根据《人身损害赔偿司法解释》第32条的规定，超过确定的护理期限、辅助器具费给付年限或者残疾赔偿金给付年限，赔偿权利人向人民法院起诉请求继续给付护理费、辅助器具费或者残疾赔偿金的，人民法院应予受理。赔偿权利人确需继续护理、配制辅助器具，或者没有劳动能力和生活来源的，人民法院应当判令赔偿义务人继续给付相关费用5至10年。

附录：相关法律依据索引

1. 中华人民共和国民法通则（1986 年 4 月 12 日第六届全国人民代表大会第四次会议通过，自 1987 年 1 月 1 日起施行）

2. 中华人民共和国侵权责任法（2009 年 12 月 26 日第十一届全国人民代表大会常务委员会第十二次会议通过，自 2010 年 7 月 1 日起施行）

3. 最高人民法院关于审理人身损害赔偿案件适用法律若干问题的解释（2003 年 12 月 4 日最高人民法院审判委员会第 1299 次会议通过，自 2004 年 5 月 1 日起施行）

4. 中华人民共和国婚姻法（1980 年 9 月 10 日第五届全国人民代表大会第三次会议通过，根据 2001 年 4 月 28 日第九届全国人民代表大会常务委员会第二十一次会议《关于修改〈中华人民共和国婚姻法〉的决定》修正，自 2001 年 4 月 28 日起施行）

5. 最高人民法院关于贯彻执行《中华人民共和国民法通则》若干问题的意见（试行）（1988 年 1 月 26 日最高人民法院审判委员会讨论通过，自 1988 年 1 月 26 日起施行）

6. 最高人民法院关于审理民事案件适用诉讼时效制度若干问题的规定（2008 年 8 月 11 日最高人民法院审判委员会第 1450 次会议通过，自 2008 年 9 月 1 日起施行）

7. 最高人民法院关于审理触电人身损害赔偿案件若干问题的解释（2000 年 11 月 13 日最高人民法院审判委员会第 1137 次会议通过，自 2001 年 1 月 21 日起施行）

8. 学生伤害事故处理办法（2002 年 8 月 21 日教育部令第 12 号发布施行）

9. 中华人民共和国道路交通安全法（2003 年 10 月 28 日第十届全国人民代表大会常务委员会第五次会议通过，自 2004 年 5 月 1 日起施行）

10. 最高人民法院关于购买人使用分期付款购买的车辆从事运输因交通事故造成他人财产损失，保留车辆所有权的出卖方不应承担民事责任的批复（2000 年 11 月 21 日最高人民法院审判委员会第 1143 次会议通过，自 2000 年 12 月 8 日起施行）

11. 最高人民法院关于交通事故中的财产损失是否包括被损车辆停运损失问题的批复（1999 年 1 月 29 日最高人民法院审判委员会第 1042 次会议通过，自 1999 年 2 月 13 日起施行）

12. 铁路交通事故应急救援和调查处理条例（2007 年 6 月 27 日国务院第 182 次常务会议通过，自 2007 年 9 月 1 日起施行）

13. 铁路旅客人身伤害及自带行李损失事故处理办法（2003 年 7 月 11 日第七次铁道部部长办公会议通过，自 2003 年 9 月 1 日起施行）

14. 国内航空运输旅客身体损害赔偿暂行规定（1989 年 2 月 20 日国务院令第 82 号发布，根据 1993 年 11 月 29 日《国务院关于修改〈国内航空运输旅客身体损害赔偿暂行规定〉的决定》修订）

15. 最高人民法院关于民事诉讼证据的若干规定（2001 年 12 月 6 日最高人民法院审判委员会第 1201 次会议通过，自 2002 年 4 月 1 日起施行）

16. 医疗事故处理条例（2002 年 2 月 20 日国务院第 55 次常务会议通过，自 2002 年 9 月 1 日起施行）

17. 工伤保险条例（2003 年 4 月 16 日国务院第 5 次常务会议讨论通过，根据 2010 年 12 月 8 日国务院第 136 次常务会议《国务院关于修改〈工伤保险条例〉的决定》修正，自 2011 年 1 月 1 日起施行）

18. 中华人民共和国国家赔偿法（1994年5月12日第八届全国人民代表大会常务委员会第七次会议通过，根据2010年4月29日第十一届全国人民代表大会常务委员会第十四次会议《关于修改〈中华人民共和国国家赔偿法〉的决定》修正，自2010年12月1日起施行）

19. 最高人民法院关于确定民事侵权精神损害赔偿责任若干问题的解释（2001年2月26日最高人民法院审判委员会第1161次会议通过，自2001年3月10日起施行）

图书在版编目（CIP）数据

损害赔偿纠纷/王庆新总主编．—北京：中国检察出版社，2012.2
（百姓法律顾问丛书）
ISBN 978－7－5102－0613－9

Ⅰ．①损…　Ⅱ．①王…　Ⅲ．①侵权行为－赔偿－基本知识－中国
Ⅳ．①D923.85

中国版本图书馆 CIP 数据核字（2012）第 004664 号

损害赔偿纠纷

总主编　王庆新　　执行主编　钟　鉴

出版发行：中国检察出版社
社　　址：北京市石景山区鲁谷东街 5 号（100040）
网　　址：中国检察出版社（www.zgjccbs.com）
电　　话：(010)68639243(编辑)　68650015(发行)　68636518(门市)
经　　销：新华书店
印　　刷：保定市中画美凯印刷有限公司
开　　本：850mm×1168mm　32 开
印　　张：5.375 印张
字　　数：137 千字
版　　次：2012 年 3 月第一版　　2012 年 3 月第一次印刷
书　　号：ISBN 978－7－5102－0613－9
定　　价：18.00 元

检察版图书，版权所有，侵权必究
如遇图书印装质量问题本社负责调换